晚风的丝带

RIBBON OF THE EVENING BREEZE

饶蕾 著

By Lei Rao

美国龙出版社
纽约新世纪出版社

出 版 人：朴贞花　纽约桃花
责任编辑：全京业
装帧设计：龙雁翎

晚风的丝带（诗集）

版权所有·翻印必究

出版：美国龙出版社／纽约新世纪出版社
印刷：UCHFPQ Inc.
版次：2019 年 11 月纽约第一版；第一次印刷
定价：19.99 美金
国际书号 (ISBN)：978-1-7320358-7-4

饶 蕾
Lei Rao

美籍华文诗人。北美中文作家协会终身会员,纽约华文女作家协会终身会员。2011年开始诗歌创作。出版诗集《远航》《晚风的丝带》和《轮回》。诗歌入选《新世纪诗选》《中国朦胧诗选》《北美中文作家作品选》等多种文学选集。作品散见中国《诗刊》《诗选刊》《中国诗人》《中国文学》,美国《新大陆》《侨报》《汉新文学》,《香港文学》和印尼《国际日报》等多国文学期刊和报纸。荣获第二届"莲花杯"世界华人诗歌大赛银奖、"蝶恋花杯"国际华人文学大赛现代诗歌二等奖、美国汉新文学诗歌和小说优秀奖等多种文学竞赛奖。饶蕾被评为"中国新诗百年百名网络最给力诗人",被列入建校以来吉林大学诗人群主要代表知名诗人之一。

祖籍广东潮州,出生于哈尔滨,现居美国纽约。毕业于吉林大学化学系。在美国获得化学硕士和工商管理学硕士(MBA)。担任过科研负责人和工厂技术总监,从事过企业事业开发和全球市场战略规划,现供职于美国化工企业。

序
Preface

非马

有几个因素促使一向很少为自己或别人的书作序的我决定为蕾蕾（饶蕾）即将出版的这本《晚风的丝带》诗集说几句话。首先，蕾蕾同我的祖籍都是广东潮州，虽然我对狭窄的地域观念没什么好感，而且她生在哈尔滨而我生在台湾，但看到故乡出了这么一个优秀的诗人仍不免让我感到兴奋。其次，她同我都以理工为专业，在业余写诗。我常觉得这种让左右脑平衡发展（如一位美国记者在我的访问记里所说的），至少对我个人来说，是个很好的生活安排。我曾在一篇题为《诗样人生》的随笔里说过下面这段话：

"常有人问我，如何兼顾科技研究及文学工作。他们大概以为这两个领域是彼此冲突，互不相容的。其实我发现，它们不但不冲突，反而有互补的作用。上班的时候我集中精神做我的研究工作，到了晚上及周末，除非临时需要赶工，我都尽量把时间用来读书写作。科技的训练使我的诗比较简洁精炼也比较客观，不会太滥情；而因为写诗的关系，我在工作上对问题的考虑也比较周到，不至于钻牛角尖。每当我在一个领域里碰到困难或感到失望疲困的时候，我便到另一个领域里去歇歇脚喘喘气，休养整补一番，然后再重新出发。更重要的是，因为觉得有后路可退，心里的压力不会太大，做起事来反而会更轻松更有效率，不至于斤斤计较患得患失。这种心态对搞艺术创作或写作的人来说，尤其显得重要。"

但让我有话要说的最大因素，是她在诗中所流露的对亲人、对朋友、对社会人生、对真理以及对大自然宇宙等的真挚感情。这些令人心动的真情，她都用纯朴自然而不失优雅的语言娓娓说出，如她在一首题为《一首诗对我说》里所描述的：

  诗歌不停地说，纷纷扬扬的
  诗句雪花儿一样飘落
  似泪水，似阳光，似母亲的爱
  我一直安静地坐着
  想说什么，却什么也没说

什么也没说，却让我们听到了许多。

  非马：本名马为义，William Marr。美国著名双语诗人、画家。出版个人诗集23种。

            2016年3月14日芝加哥

目 录
Contents

7 序 / 非马

云水间

003 晚风的丝带
004 你的爱让人心疼
005 重逢
006 今生有你
007 盼春
009 翻开一本书
010 遇见你
011 在清清的小河旁
012 开关
014 十二朵玫瑰
015 金银花
016 晚风正好
017 爱情落入婚姻的花园
019 梦开始的地方

020 一船雪花

021 过年

022 打电话

023 烟雨清明

024 日子

025 回家

026 童趣(组诗)

026 　钓鱼

027 　荡秋千

027 　草地上

028 　打猎计划

029 　水晶花

030 　礼物

031 　壁炉,孩子和我

032 　孩子,你长大了

033 　淡淡的绿

035 坐在门前的台阶上

036 牧羊的星星

038 意外

039 唉

040 为什么

041 一个种花人

042 迷

043　人家窗前的玉兰花
044　也许，在朦胧的诗意里
046　假如，你要远行
048　一曲长笛
049　灯塔

风光台

053　大峡谷的抒情
055　曲阜
056　伊斯坦布尔
057　加尔维斯顿
058　魁北克
059　草木有声
061　樱桃柳
062　漫山鸟鸣
063　雨后山庄
064　自然，爱
065　宁静的夜晚
066　路过夏天
067　雨中
068　莲花
069　秋菊

070　回归自然
071　在南京醒来
073　清晨，在南京街头
075　老上海的新印象
076　遇见汕头路牌
077　广州的雨
078　坐船去香港
079　北京街头的月季花
081　怀俄明片段
082　布拉克山区
084　内布拉斯加
085　诗意翩跹
086　山坡上
087　七月
088　在海边
089　大雨
090　暴风雨之后
091　秋天的脚步声
092　初冬的阳光
093　飘雪的日子
095　雪花谣
096　月光（组诗）
096　　美丽的月光

097　　圣洁的月光
098　　永恒的月光
101　我的田野

哲思亭

105　静夜独行
107　坦然
108　主观与客观的争议
110　超凡脱俗的代价
112　人生旅途（组诗）
112　　人生
112　　乱麻
113　　南下，南下
113　　走出自己的一亩三分地
115　　与时间共舞
118　寂寞是个奢侈品
119　生与死
121　问号
122　信任
124　新年伊始
125　节日心语（组诗）
125　　新年

125 正月十五记忆
127 情人节的早晨
127 远方的端午
129 七夕
129 中秋的祝福
130 回家过年
132 **认识自己（组诗）**
132 花开的声音
133 时间的缝隙
134 人到中年
135 当我老了
137 自画像

虚实轩

141 此时
143 无题
144 梦境
146 去远方
148 因为在意
150 山间流水
151 请允许我这样说
153 归途

154 当我想你的时候
156 山花的故事
157 致姐妹
158 致兄弟
159 晴朗
161 从深秋开始
162 打开梦
163 哦,真好!
165 晚风吹
166 风儿吹
168 为什么
170 假如
172 很想说声谢谢你
173 一条河的幻觉
174 为什么我不能
175 因果
176 我不怪你
178 若爱
179 十字路口
180 把绿意放回枝头
182 一首诗对我说

诗评与创作谈

187　饶蕾《笔底风光》的壮阔之美｜洋滔
191　《自然美的心灵回应》｜江建文
195　写诗，表达人世间的美好表达爱｜饶蕾
198　用诗歌的短去写小说的长｜饶蕾

205　后记

云水间

水升为云，云止于水。整个世界本是千丝万缕，息息相关。情是世界上人与人之间的纽带。亲情、友情、爱情、师生情、同学情、同事情、邻里情都是真善美的写真。每一首诗歌就像一个小说，叙述着人间的邂逅,情感的流动,感谢能与这个世界共存,能与你相逢。

没有人是一座孤岛

约翰·多恩（英国）

没有谁能像一座孤岛
在大海里独居
每个人都像一块小小的泥土
链接成整个陆地
如果有一块泥土被海水冲走
欧洲就会失去一角
这如同一座山岬
也如同你的朋友和你自己
无论谁死了
都是自己的一部分在死去
因为我是人类的一员
因此我从不问丧钟为谁而鸣
它为我，也为你

译者：未知。饶蕾根据英文诗原文略作修改。

晚风的丝带

晚风的丝带,轻盈地挽起
一枚飘逸的蝴蝶
落在你淡蓝色的信筏上
橹声响起,水花飞溅
一串颤音行走在水纹间

假如你吱呀呀的门扉依然开启
能为你的憧憬,你的爱恋幸福吗
你那一缕水波飘动的柔软
停泊在一个纯净通风的口岸
温馨的恬静,如诗如烟

能原谅她吗,在晚风的清凉里
她的功力太浅,无法解开一根丝带的金边儿

2013.7.1

《中国诗人》2017年第4卷

你的爱让人心疼

风里,雨里,电闪雷鸣里
一颗金色的心,颠簸一条长河的温存和啜泣

一双善良的眼睛,真想撑开
一把阳光伞,一把巨大的阳光伞
遮住风,挡住雨,替你
可是,伞没在她的手里

一颗水一样清的心,跌入
风里,雨里,电闪雷鸣里

2013.7.5

美国《侨报》,2019 年 8 月 3 日

重 逢

你一笑,十几岁的摸样就掉出来了
羊角辫的踪迹,隐匿得可真深
只有岁月,光滑地留在原地

同时张开双臂,我们
一下子搂住几十年
居然没露丝毫破绽,也不费吹灰之力

许多熟悉的名字,笑声,还有陈旧的时钟
把一张西餐桌炒得噼啪作响
盏中的果汁,摇晃微醺醉意

最安静的就是鱼排了,默默地
瘦下去,就像我们剩余的时光
依然陶醉,拖着日渐憔悴的裙裾

青春的火焰,一闪,映入夕阳的眼底

2013.7.19　美国《新大陆》诗双月刊 2016 年 8 月第 155 期

今生有你
——写在同学聚会

锈迹斑斑的年轮,已远了
似流水逝去的咏叹
在记忆的浪涛中回响着
"子在川上曰",一遍又一遍

重逢的华发,激情不减当年
尘封的笑声, 又涨起潮来
冲开时光隧道的密码
溢出几十年的过往
干一杯吧,青春 华年 未来的路
我们彼此的拥有没有期限

今生有你
窗外的天空少一缕遗憾
岁月的长河多一份眷恋
悠悠流水带走光阴几度
但带不走我们重叠的日出日落
带不走日子里无言的挂牵

2015.5.16

盼 春

不说想你,只见积雪消瘦
土地的思念酥了,软了
山野四处奔跑
诱人的绿,深藏在大地的
心坎上,无处寻觅

那么多数字,挤破屏幕,落在一摞又一摞的
纸上,征伐,举着款式新颖的刀枪剑戟

如何平定这个此起彼伏的乱世?
我静心,凝神,借孔明东风
火炬昂首,数字阵脚大乱。突然中军探出一点绿
冷气倒吸一口,指尖慌忙送你潜入纸的深处
视左右无人,窃喜。再全神,尚未眨眼
笑盈盈的新绿弄乱了字里行间,四下拱出天真的顽皮
哎,你就不怕锋利的7割破你的手指?
你就不惧结实的8压瘪你的呼吸?
你让我如何是好呢?

还是喝杯咖啡吧
谁知春天缓缓地浮出液面
如此清晰

2013.3.1
《关雎爱爱情诗》2014年夏季号

翻开一本书

其实,你一直在我身边的书架上
每次我的目光触到你,都滑过去了
谁知你是怎样爬上我书桌的?
瞟一眼书名,唉,仍没提起兴趣
辗转途径,你竟稳稳地落入我手里

于是,我捧着你……

你的文字清汤寡水,但情节引人入胜
花不开,风不行,鸟不飞。山石、树木
都化成金子。读着读着,我大叫一声
跌入一个不知名的深渊……,幸好,你用
心跳接住我的一草一木

从此,这本书再也没合上过

2013.5.28

遇见你

童年是一块水果糖
要等到过年才剥开糖纸
少年是一支充沛的笔
连接着清晨和夜晚的星光

在寒风肆虐的日子里
我不落泪,不喊疼,我轻声唱歌
一颗童年的心,一双少年的肩膀
挑起成年人的忧伤

在青春荡漾的荷塘旁
你用春风梳理我飘逸的长发
我突然"哇"地一声哭了
一池莲花在雨中微微地晃

2013.2.17

在清清的小河旁

他是一条硬汉子,不怕风,不惧浪,
甚至青齿獠牙,拳头,尖枪
就是他,在我的碎花裙边
软下来,软得像五月午后的阳光
又似蓝天下最柔软的羔羊

他喜欢眯起眼睛看我
执意把青青的草坡让给我
渴望把潺潺的溪水让给我
畅想把梦中的小花朵让给我
甚至让给我争吵的风向

就在那清清的小河旁
一波又一波的涟漪绕过山梁

2013.2.24
《中国诗人》2017年第4周

开 关

不知从哪一天起
我越变越小　越变越小
小成一个开关
你的眼睛一碰上
立刻就亮起来　流淌出
星光独有的神秘
这个古怪　从少年一直走到中年
一列不知疲倦的列车
没有停歇或脱轨的痕迹

无论开关落在视线以东还是以西
一个声音就丢了魂儿
满楼上下喊一个小名
高一声　低一声
就像漫山遍野的映山红
开不出一丁点儿规律

开关，岿然不动
五个顽皮的手指

紧紧捂住
随时都可能泄露的风声

脚步举着小名近了　又远了
哗啦一声降落在面前
潮水一下子淹没整个空间
然后　你随便摆在开关的左右
安静成一片阳光　无声无息

2013.3.12

十二朵玫瑰

十二朵玫瑰,都是你
在耳际低声的承诺
站在一个人的情人节上
柔情朵朵

我说:"这条路
太长了吧?"
你说:"只要有你
再多的日子也不够多。"

涟漪绽放的声音
画出一条温馨的风景线
照亮了心的前额

2014.2.14

金银花

没有人比你更懂得
珍惜春词。在百花凋零的瞬间
扣响门环。暗香一缕,托起
飘摇的思绪,把星光放回船头

从此,夜色不会迷失在森林里
尽管夏已泊入渡口

2013.5.16
《屈原风》2014 创刊号

晚风正好

多少只扑朔的流萤,多少枚留恋的夕阳
嵌入晚风的记忆,打不开,也合不上
我只记得你数给我的一粒粒红豆
一只只红帆船,轻盈飞驰,朝着我的方向

一个个水样的日子游走了,绯红的浪漫袭来
情,扎个猛子,四季响起湿漉漉的桨声

一串山歌荡一叶水晶小舟,无铜锈红印
穿过透明的风声,穿过清清亮亮的阳光
就在这儿,拱桥边,柳丝下,泊住温馨的爱
晚风正好,一湖清水荡漾着半湖红光

2013.7.7 《关雎爱情诗》2014春季号

获2013年《网络诗选》七夕诗赛奖

爱情落入婚姻的花园

十八相识，清澈的年龄水一样
我还记得你一脸孩子气的笑声
你说看我一眼就成终生难忘
多少真诚的脚步曾走近，只有你
忘我的憨厚托起我的清凉

你总能用幽默拨响清脆的风铃
我一笑，你就说整个世界都在荡漾
几十年了，走过多少酸甜苦辣的旧时光
我们依然停泊在浪漫的船头上
你说都怪我，给柴米油盐插上轻盈的翅膀
我说都怨你，用调侃淹没了房前屋后的荒凉

你总是特别关照
我的那个苹果，我的那块巧克力
你永远分外用心
我壁橱里的家具，我的那件衣裳
多少次了，你执意抢去我手中的难累脏
把折磨放上自己的肩头

喜笑颜开地说
"这样多好,轻松多了。"

我相信浩浩荡荡的真情
都会如此爱我,一天,一年,甚至几年
可有几人会一生
把我放在自己之上
你说我是你抽中的人生头奖
我不言,只把阳光铺满台布,挂满窗

2013.12.16

梦开始的地方

那是梦么?
一碰就会软,一想就发烫
万里以外,也没逃出你迷人的翅膀

我出生的黑土地,我生长的黑土地
我拿什么来慰藉你?

我的乡愁是上学的铃声,飘流宽广的松花江
我的思念是秋林的酒糖,醉倒在冰灯的彩裙旁
我的泪水是母亲手中的针线,潮起潮落
我的喜悦是树梢上冉冉升起的朝阳

故乡,你是一枚巨大的雪花
我一直坐着你的雪爬犁,滑过你的慈祥

2013.2.17
《中国诗人》2017 年第 4 期

一船雪花

还没来得及仔细思量,雪花
早已满目飘香,漫天飞舞的清凉
打开遥远的门,啊,我的故乡——

那些灯光还好吗?那条小径
还宁静吗?听,一蹦一跳的笑声穿过
田野。哦,我看见母亲站在路口的目光

我这儿的山很调皮,星星一闪一闪地亮
身边簇拥着大大小小的爱。信吗?竟没一个人
难为我。我将变成春天的山花,赶去烂漫山岗

我装好满满一船雪花,再系上
红红的缎带,静悄悄的纯洁散着芬芳
向着你,我的爱 ,轻轻说:起航

2013.2.16
美国《新世纪诗报》2016年10月15日

过 年

这是第十九个春节了
妈妈——
女儿不能在膝前陪您
包饺子、嗑瓜子、吃年夜饭
也不能用开心的爆竹
点亮您幸福的泪花
妈妈,请允许我
在远方
为您斟一杯温暖的茶

2015.2.19 写,2.26 改

《漱玉》2015 年第 1 期

打电话

妈妈,您的笑声如画
带我回到童年的窗口
少年的笔尖
一别万里的征途
岁月垂下一串串霜叶春花

您的声音依然是一棵苍松
伫立在空荡荡的故乡
担心着我的匆忙,我的容颜
惦记您那个经常忘记自己的孩子
在节日里翻滚的泪花

妈妈,我七十多岁的妈妈
您说您还硬朗,不孤独
绿意挂满枝头
不需要女儿牵挂

2015.2.19 写;2.26 改

烟雨清明

轻,似梦。飘落漫山的柔
润湿清明思念的路
没有鲜明,没有幽暗
只有似烟的雨,涂匀水秀山青

我已醉,如烟似雨
今天与逝去的亲人同行
无声的祈祷融入山山水水
足下的山路蜿蜒出几许轻盈

久别的父亲,一双幽默的眼睛
和我一起看新柳依依
烟雨迷蒙,星星点点的人家
从山林之间露出倩影

2014.4.5
《中国诗人》2017年第4期

日 子

我把日子
过成阳光明媚的样子
逗号,句号恰到好处地
在空间扬起或落下
急冲冲的脚步最让人兴奋
终点肯定有神秘的消息

苦涩都泡入茶里了
甜蜜一定要放入孩子的小酒窝
杯盏碰撞之时,笑声流水一样欢畅
平淡的时针飘出烂漫的花香
爱人用幽默点亮壁炉里的火
红光映着孩子的脸
棉花糖高叫烤好了

2013.12.12

回 家

嘎啦啦,车库门启动。汽车
驶入。家门应声而开
熟悉的身影,亲切的笑
探入车窗。一双大手
提走我的疲劳
小脚步,似风铃
从楼上流下来
一个小小巧巧的拥抱
有巧克力的味道

2014.5.21

童趣(组诗)

钓鱼

湖水,蓝蓝的涟漪
钓起你小小的心跳
你是一只小知了,早晨嚷,晚上吵
要学水鸭子,去湖边垂钓

蚯蚓排着长队,追赶你的小锹
橘黄色的小桶,盛满咯咯咯的笑
你甩杆、收线、竖食指
一湖幽静笑弯了眉梢

你长长的鱼线,垂向湖心
湖畔,树儿绿,草儿青,静悄悄
我的视线只钓你,我的小人鱼
满心都是活蹦乱跳

2013.6.16

荡秋千

上来,下去,都是你
阳光坐在秋千上
你的小酒窝盛满我的蜜
摇一摇山,荡一荡云
蓝蓝的天空入梦乡
陶醉成蔚蓝色的海洋

2013.6.7

草地上

东跑,西颠,转身,扑倒
飞起来了!小小的你
幸福的小风筝,牵着一只蓝蜻蜓
比风更灵动,比光更轻盈
绿油油的稚嫩,滚动在草尖上
火辣辣的夕阳

涂红了半个山岗

2013.6.7

打猎计划

打猎不是个小游戏,要执照,要行头,要猎枪
你忙得像门前的喜鹊
又像一只小山羊,雄性的小犄角渐露锋芒

你的眼睛是神秘的星星,"我们打黑熊吗?"
摇头的爸爸,笑着,"打火鸡,小鹿。"
你跳起来,"什么?小鹿?那么可爱的小鹿?"
泄了气的皮球,你瘪了,没了一点儿声响

两年后的今天,围猎季正在开启门廊
你是快乐的,爸爸是快乐的,小鹿也是快乐的
只有那支蹲在墙角的老枪,独自叹息惆怅

2013.6.19

水晶花

季节装在你的锦囊里

你掏出一个消息:草绿了!
又掏出一个消息:花开了!
再掏出一个消息:结小桃子了!
你的消息突然沉默
抬起两眼泪花

"怎么了?"我读着你

"都吃光了,小桃子,百合花,玫瑰花……
是小鹿…… 可是,为什么?
美丽的小鹿要毁掉美丽的……"

"也许,小鹿不是故意的
他只是太爱她们了"
我把你搂入怀里

你的泪珠落下来
一朵朵水晶花开了

2013.6.21

礼物

从未见过比那朵蒲公英
更美妙更天真的神情

在适宜的季节
她唱着山歌,迈着小脚步,跳着踢踏舞而来
披着一身金灿灿毛绒绒的光影

抵达,是微妙的,神秘的
从你到我——

轻轻地,我双手接过她的笑容
你静悄悄的小体温,在我的手心拔节
吃惊地望着一个叫母亲的词儿,佩戴神圣

那朵小花可别小瞧
她有许多迷人的小伎俩

有时,她是紫瓣苜蓿,火红的郁金香
有时,她是风趣的小树杈,叮当作响的小石子儿
甚至是一只轻盈的蛾子,或者举着手电的萤火虫

屏气静听细细小小的声音,一朵朵馨香
游入岁月的小河
炊烟下,一把灯盏,流淌出柔和的光

2013.6.26

壁炉,孩子和我

这轻盈的温暖,是寒冬里
最吸引人的地方
火光映红了孩子的脸
孩子的小手转动着
企盼拨动着炉火的弦

一幅多么温馨的画儿
坐在我身边
美妙步入巴黎的卢浮宫
端详着达芬奇的蒙娜丽莎
……

孩子突然扬起
神采飞扬的五官
一个烤得正好的棉花糖
笑嘻嘻地落入我的指间

注：意外地收到孩子烤好的第一个棉花糖。

2013.1.5

孩子，你长大了

你沉默，不起床，不去上学
父亲抱怨昨夜的电子游戏

我踮起脚尖，接近你
你合上眼睛，合上心扉的一丝缝隙
一滴泪入心。我摸到你敏感的
小触角。它生出了少年的影子

我缓缓地敞开耐心、柔和、泉水

你的委屈流了一地
我保证：在时间的棋盘上，你
永远是我的"老将"
你说：当妈妈缺席的时候
你会做挺拔的小白杨，擦干妈妈的焦虑

我望着你，请求做你最好的朋友
你的眼里闪出新鲜的阳光，灿烂无比

2014.5.9

淡淡的绿

孩子是一块纯净的玉
捂暖了我的心
哦，那淡淡的绿

伴我。像鸟儿一样在天空飞翔
赛车一般在高速公路飞驰
又如会议室里的钟表

在陌生的城市丈量准确的距离

握紧前进的航向,小小的你
拓开黎明的曙光,安慰着我的缺席
哦,那淡淡的绿

2014.11.23

坐在门前的台阶上

多么清新的瞬间
静谧在我的身边蔓延
阳光悠闲地在草地上跳跃
就像我的心
奔跑在山野之间

很久了,不能这样自由
百合花在空气中舒展
我坐在门前的台阶上
思维新鲜起来
看一寸一寸的美
流入眼帘

2014.7.24

《新大陆》诗刊 2018 年 8 月 167 期

牧羊的星星

枕着山坡柔软的草叶
吹响柳哨青青的柔肠
一颗少年的心是神秘的夜
放牧漫天星光
突然,一颗星星亮了
恰似少年的眼睛,清澈,柔和,明亮

岁月高高挽起裤脚
跨越山峦,穿过霓虹絮语

满头白雪, 飘落山坡上的眺望
夜色真美,完整如初,不见谎言,纠结,潮落潮涨
突然,那颗星星又亮了
仿佛寻回一只失散多年的羔羊
断了线的泪水,漫过心海十里围堤
斑驳的时光,游牧的灵魂,星光打开无形的墙

挥一挥手,他又上路了

肩头的行囊,隐约透出神秘的光

2013.1.28

意 外

天哪
又怎么了

2014.10.20

唉

你——

2014.10.20

为什么

碧绿的鸟鸣攀上枝头
歌声婉转,清澈。诗
金色的阳光,从时空穿过

五颜六色的花朵衔来,点缀
纯洁的蔚蓝。友情,白云
一朵朵,步入碧空,款款落座

空气恬静,没有一丝儿
风行的痕迹。湖水如镜
不藏一缕梦境的微波

为什么
湖畔的垂柳轻轻摇
你的心动了

2013.7.2

一个种花人

一个人,一个多情的人
在雪白的纸上,载树种花
浪漫破土而出,春光旖旎

云悠悠地飘,雨淡淡地开
风吹,鸟飞,蜻蜓蝴蝶自徘徊
口琴阵阵,吹响你半明半暗的独白

她静静地听,暗暗地猜
默默祈福,琴声起落
清音去处,尽是绯红的盛开

谁知,你的曲音一抖
直扑她的心扉而来

2013.7.2

迷

也许连风也说不清
那些斑驳细碎的光影,如何
泛起潮红,潜入心波游动

也许连梦也猜不透
一缕归乡的月光,为何
风情万种,打湿了你的眼睛

当一朵朵彩云飘过来
她坐在雷声里
湖心,一叶小舟,静如画儿

一群小问号,灵动的小银鱼
扑通扑通跳入水中
迷,荡起一湖涟漪。小舟在晃

2013.7.2

人家窗前的玉兰花

编柳枝拱门,修鲜花篱笆
你叮叮当当,在街道对面筑园建家
一缕透明的淡香
她清清爽爽,开在人家的屋檐下

你送她修辞一篮,诗文几束
她还你白云几许,淡饭粗茶
谈笑间, 近赏小桥枫林
远看高山流水,古今天下

友情似水,悠然漫步在阳光桥
为何你突然踱来满地忧伤
难道你忘记了
她是人家窗前的玉兰花

2013.7.12

也许,在朦胧的诗意里

也许爱是个任性的孩子
不讲道理,也不读法律
在你手无寸铁的时刻,俘获了你

在祥和的梦境里,她原谅了你

也许你所有的汹涌,所有的澎湃
只是期许荡一叶幸福,抵达她的岛屿
一切变幻的风云,都不曾栖息在你的预计

在温馨的假设里,她安慰了你

也许爱是一个执着的行路人
找不到路的尽头,就难以抚平焦灼的孤寂
尽管你的初衷仅仅是尝试,是给予

在冗长的思索里,她理解了你

爱她,就别逼她,好吗

你珍爱的不是一位红楼女子
而是一个天真善良，纯洁优美，重义多情的诗句

在朦胧的诗意里，你能开心，能谅解她么

也许她不懂你
也许她最懂你
就让美丽的童话，潇洒迤逦

在淡淡的月光里，她把感激，把你，一字一句写入心底

2013.7.13

假如,你要远行

笔的弧线滑落,风声起
血脉暗流
假如,你已备好行囊,鞍桥
请歇马长亭
那里停泊月光千顷

一饮而尽吧
多少年,多少天的细枝末节
西出阳关
寻青山,伴绿水,迂回崎岖
愿一路风调雨顺,吉星高悬
尽情扬鞭策马,祝君鹏程万里
倘若邂逅寒凉,目光迷失于星际
只需回眸,就会看见
一汪纯洁的友情,静静等你

她会想你
像朋友,像姐妹那样想你
也会像孩子那样

无忧无虑地想你

2013.7.25

一曲长笛

一曲长笛,坐在春风里
音韵袅袅,抚平冬天的孤寂

走过多少里沉默,就有多少里隐忍
掩住多少道伤口,就咽下过多少串泪滴
哦,冬季——
只为一个弱小的音符
寻回昔日的音容,你挺拔的脊梁
闪亮着人性真善美的光泽
我拿什么来塑造你,来珍惜你

春天的风景,吹响一曲长笛

2014.4.20

灯塔
——致谢今生帮助过我的亲人和友人们

你可知道,那就是你
伫立在海潮的眉宇之间
照亮了夜,照亮了大海的边际

在风和日丽之时,你
朴素的微笑多么节省
竟不露一丝灯语

每当黑暗抵达船舷
或者巨浪吞噬白帆的希冀
你的灯盏就冲破涛声的距离
轻轻扶起飘摇的目光
把温暖漾满心底

2014.2.24

《大巴山诗刊》2014 冬季号

风光台

飞流直下三千尺,疑是银河落九天。

——李白《望庐山瀑布》

风光是有灵性的,它垂青于能与它共鸣的心灵。

诗意的吟唱是自然和文化的回声。徜徉在世界风光的诗句中,你将邂逅百花齐放。有一种风景叫赏心悦目,有一种风景叫心旷神怡,有一种风景叫气势滂沱,有一种风景叫精致细腻,有一种风景叫史韵浑厚,有一种风景叫文化别致,有一种风景叫高山流水,有一种风景叫俗心仙趣……

总有一种风景会让人留恋忘返;总有一种风景会让人深思冥想;总有一种风景会给心灵带来希翼和安宁。

大峡谷的抒情

——大峡谷位于美国西北部科罗拉多高原上。全长443公里,是世界奇景之一

1

大峡谷在抒情,高声地抒情
用科罗拉多几百万年的涛声
用山石浩瀚的坚忍,还有无言的疼
美从历史中走出
雕琢有声有魂,曲音无垠
多像人生的歌谣
歌唱着摧毁,也歌唱着诞生

2

阳光的画笔婉约,犀利,捕捉住
千变万化的瞬间,涂抹一路音韵
就像尘世的慈爱,舞蹈在灵魂中
美妙藏在柔和的光影里
像舞台上的大布景,又似少女的小首饰
有古韵,也有俏丽。牵动

泪水或者笑容,汇入大峡谷永恒的抒情

3

我走在旧时光的幸福里,一行
曾经的年轻人,离我很近
相聚的前方就是分离,让我们握紧时钟
分享大峡谷的浩瀚,还有宽宏
争先恐后,照相机不停地闪动
唯恐漏掉一个微笑,一次重逢

当车队开出大峡谷的时候
我用视线抚摸大峡谷的抒情
就像抚摸人类的过去和现在
我悄悄珍藏起一粒奇异的火花
它很美,那是人类未来的憧憬

2014.2

《中国诗人》2014年第3卷

曲阜
——中国儒家思想创始人孔子的故乡

桂林的秀丽可以不游
五岳的险峻可以不攀
曲阜是我梦寐以求的地方

不远万里，觅你两千年的墨香
从未干涸，遍布在世界华人的血脉
坚忍，含蓄，芬芳

孔府，孔庙，孔林
就是三壶极品的龙井，毛峰和碧螺春
杯杯斟出中华的精髓

寻根，此行无悔
儒家思想的源头
回味恰似天边沉醉的夕阳

2014.2

《中国诗人》2014 年第 3 卷

伊斯坦布尔
——土耳其的沿海城市,世界第四大港口

歌声似流水在大街上徜徉
唱歌的是此起彼伏的伊斯兰教堂
七个山丘,盛满历代帝王的足迹
大河上下,拦不住高楼大厦浩浩荡荡

若说美,还要去博斯普鲁斯海港
那儿有渡轮鸣叫,土特产舞蹈
钓竿,欢呼,水波,夕阳
一泓蓝蓝的水域,泊满亚非欧的目光

迷人的伊斯坦布尔,丰厚端庄
她是一个圣地
独特的个性
有亚洲的血统,欧洲的芬芳

自从踏上那片土地
我的心中就多了一缕阳光

2014.2

《中国诗人》2014年第3卷

加尔维斯顿
——美国德克萨斯州的一个小城，四面环海

你是一个谜
一顶魔术师的帽子
总能掏出好奇或者惊喜

浪花，笑声，贝壳
海蜇，城堡，沙滩的秘密
大坝，螃蟹，咬钩的鱼
……

最数大渡轮绝顶顽皮
敞开胸膛，拉上我，拉上你
拉上一排排大汽车
率领海鸥一路欢歌笑语

纯净，你是一粒珍珠
泊在大海的蔚蓝里
你帽子里的小鱼钩啊，不偏不斜
正好垂到我心底

2014.2　《中国诗人》2014 年第 3 卷

魁北克
——加拿大法语区的一座重要城市

这里适合度假或者疗伤

法语,美食,小市场
依山傍水
旖旎拾级而上
细雨绵绵
微笑熙熙攘攘

历史从星形城堡要塞浮出
辉煌在芳堤娜城堡饭店上徜徉

我花了二十美元
买到一把透明的雨伞
只为在雨中
看清你惜别的模样

2014.2

《中国诗人》2014 年第 3 卷

草木有声

青青草叶,纤纤有笛音
微风起处
扬起一串菊花的笑
金色的流水声,潜入山色空蒙

谁说只有春花妖娆
谁说只有夏蝶风情
我独爱这金秋的高远
似一坛好酒,愈存愈品愈浓

敬你一杯月光的恬静,齐眉
只为草木之微声
一饮而尽,不是忧思泪影
而是我们海阔天空的豪情

枫林唱晚,丝弦和鸣
一曲悠悠的桃花潭水
度你,度我

也度一片夕阳红

2013.8.30

《国家诗歌地理》2016 年 2 月

樱桃柳

挑开阳光珠帘,醉入你的花荫
畅饮一壶,吹面不寒杨柳风
我即刻着虎裙,展薄翼,唱响迷人的嗡嗡嗡

你,长发飘逸,垂下柔软的花香
一串串小花朵,俏俏丽丽,张扬着谁的青春?
我的世界沦陷了,消失在你似锦的花枝 ……

时光从何处来,又向哪里去
都不再是我的事情

2013.5.8
《国家诗歌地理》2016年2月

漫山鸟鸣

一声鸟鸣,是翠柳的枝条
两声鸟鸣,是五瓣春光,也许是桃
此起彼伏的鸟鸣
是湖水的俏,山花的艳,新绿汹涌的潮

听漫山的鸟鸣,需合目、静心
用指尖挑出高音的清,借心灵温润低音的厚
再以梦境的节奏倾听合声的缤纷——
就像品味心中飞出的花蝴蝶

此时,美妙就会浮上来,毫无顾忌地浮上来
泛一只洁白小舟,拾鸟鸣的清纯,隐入岸边的芦苇
脱下世俗的外衣,一切复杂的都趋于简单
月光的蓑衣近了,退潮的鸟鸣远了,只有心还在跳

2013.5.10
《国家诗歌地理》2016年2月

雨后山庄

雨是泼墨么?
三笔两笔, 山峦就活了

盈盈的新绿是清澈的泉
流入山谷,涌上山坡,直奔山巅

樱花飘红,鸟鸣叠翠
幽静的山路在梨花雨中蜿蜒
拨开新枝嫩叶
居白云深处,一览人家星星点点

我的家是山上的一朵睡莲
我的梦是溪水,是薄雾,是瀑布飞溅
你看!山间那个小湖是不是醉了?
碧绿的湖水盛满白云蓝天

2013.5.11
《国家诗歌地理》2016年2月

自然，爱

嘘——
别　　说　　话
听轻柔的风，轻轻地吹
看恬静的雨，静静地下
小心吵醒了
一个水灵灵的悄悄话

2013.7.15
《国家诗歌地理》2016 年 2 月

宁静的夜晚

夜静得让人着迷

似荷花在池中睡去
忘记合上幽香的低语

我不敢用微风去接近你
也不敢用波光
甚至不敢用梦的涟漪

只怕一个微弱的呼吸
就会吵醒酣睡中的你

2013.8.21

《国家诗歌地理》2016 年 2 月

路过夏天

浓了,浓了,又浓了
青山欲滴
葱茏漫过山峦,直抵窗前

蓬勃的生机
迈着火热的脚步
走近湖水的裙边

我鞠一捧夏天
鸟鸣剔透
天空清清爽爽地蓝

2014.6.12
《国家诗歌地理》2016年2月

雨 中

雨轻轻地漫过来,似竖琴的弦
满天。悠扬的音符滑落,浸透
大地的酥软。土层握住根系
生长的节奏抬起头来

夏天,花仙子合起绯红。孕育
是一种美德,是生命延续的清音
给爱一个安静居所,惊喜将打开
秋天的门。或薄或厚的日子
都将挂满色彩

2013.6.27
《大巴山诗刊》2014 冬季号

莲 花

轻轻扬起,一个个水袖
几瓣馨香,在秋雨中孕浓
一曲通幽的静
端坐在袅袅的莲花上

心灵清澈依旧,洁白的泉
弹响汩汩的流水声
诗意温润,月渐圆
一段清新的笛音,在海浪上穿行

2013.9.18
《大巴山诗刊》2014 冬季号

秋 菊

秋风轻倚门栏
一行菊香拾级而上
金色的花盏,一簇簇
溢出细碎的花语
甜,似刚开封的蜜
醉了我心底的软

2013.9.28
《国家诗歌地理》2016年2月

回归自然

就让芬芳跃回山野
清新山间的小径
就让春天的气息湿润
让天真回归

请允许自然沉迷于自然之中
溅起朵朵水花
请允许雪花温存
剔透轻盈

就让温暖走在冬季的田埂上
听春雨渐近的音韵
看,诗意涌上枝头
洁白的回眸,清澈晶莹

2014.1.18
《国家诗歌地理》2016年2月

在南京醒来

凌晨一点,夜在南京漫延
街道安静地睡着,高楼也睡着
鸟鸣也是,一切都睡着
我清醒地住在十二小时的时差里
和西半球的嘈杂一起醒来
周围的一切安静,如画儿
一片荷叶在池塘中入眠
我是一只梦游的蜻蜓
醒在无边的静夜里
醒在错乱的经纬里
独自周游一个陌生城市的熟悉
两个同学,几位诗友
老公司的厂址
画片上的南京长江大桥
孙中山,雨花石,秦淮河
是否会和哪个名词撞见?

我醒着,醒在
所有名字的鼾声里

南京像梦一样
幽暗的灯光向我眨着眼
酒店如此淡定
伫立在世界地理之外
只有沙发入乡随俗地红了

2015.5.20
《中国诗人》2016年第3卷

清晨,在南京街头

夜,终于醒了。迫不及待
我似一只小鸟飞出窗外

六点,南京的街道是一张地图
深埋在混沌之中,令人想起盘古
汉中路,莫愁路,王府大街
路名漂亮得像方块字
一笔一划地流出温馨和可爱

一排排伟岸的梧桐,舒展着
宽宏大量的枝叶,把我的视线抬起
抬向欣喜的高度
我能向偶尔路过的车辆招手吗
我可以向迎面走来的行人道早安吗
无名的潮水涌向了我

冉冉升起的旭日喊着清晨
为什么它没有渴望的光芒
日夜思念的天空举目可及

为什么它丢失了蔚蓝的畅想
哽咽的手指掐住了我
我开始不停地咳嗽、咳嗽
大街上口罩们在晃、在晃
我的同胞们啊！唉，雾霾！

我站在欣喜的街头，捧着悲哀

2015.5.20

《中国诗人》2016年第3卷

老上海的新印象

老区淹没在翻新的楼群里
洋店的名字挂满街,城市迷了路
宁静消失在滚动之间

我们在宝莱纳饭店举杯、举杯
高举德国的啤酒干杯。摇滚似洪水
灌入耳鼓,清晰地贴着美国标签
可口可乐十美元一听
我没问德式饭菜的价格和价值
却见人声鼎沸,饭店爆满
抵达深夜的团聚,炒股比叙旧更上波段

握着同窗的情意,我坐在话题之外
幸福着,似乎与吃什么听什么无关

2015.6.6
《中国诗人》2016年第3卷

遇见汕头路牌

突然出现,你沐浴着
清晨的阳光
世界很小,你很大
摄氏38度的空气
顿时停止传播热浪
只有3小时的车程吧
却不能去。磨盘吱嘎嘎地响
传说丝丝缕缕站成行
汕头离潮州应该很近了
近的程度无法想象
恍惚间,宛若
潮州和我的距离一模一样

2015.5.7

《中国诗人》2016年第3卷

广州的雨

所有的乡愁都落下来
淋湿了
我说不出也听不懂的家乡话
满满的珠江流淌着祭奠的泪
安慰着父亲不能再归还的家

陌生的风景串起熟悉的地名
雨声急促地敲打着我
打的奔向雨的深处
一池荷塘里
有我从未相逢的姑妈

2015.9.2

《中国诗人》2016 年第 3 卷

坐船去香港

一只船颠簸着浪
浪花打湿了船窗
几百年的兴衰
穿过时光封闭的路
穿过敞开在
更远的岁月里的门
我是谁?
坐在崭新的日历上
挤入昨天和今日的漂泊
抵达迟暮的香港
海风儿轻轻地吹
吹动一丝惆怅,一份喜悦
中环摩天的大厦
还有纷纷扬扬的阳光

2015.5.8 写；5.28 改

《中国诗人》2016 年第 3 卷

北京街头的月季花

一定要在五月
一定要在午后
一定要等蓝天探出云头
一定要搭一辆干净的计程车
一定要在堵车的交通中
走走停停

这时就有闲情神游高速
就有五颜六色的芬芳
轻叩窗前的晃动
似意外的阳光
洒在心田,生出别样的
风景。给记忆中的长城故宫
镶嵌一条缤纷的花边
给古老的北京烤鸭爆肚冯
添上一笔崭新的内容

北京,多像一句恬静的诗

漫步在微风之中

2016.5.16 写

2016.10.3 《中国诗人》2016 年第 3 卷

怀俄明片段
——怀俄明州位于美国西北部落基山区。

阳光的薄翼,在七月
扑簌簌地飞
漫山遍野响起金色的风铃

永远的西部是草原的歌唱
人烟寥寥,草卷棋布
一群又一群老牛在草原上徜徉

西风卷起光的暗影
草尖上滚动通向天际的绿浪
恰似无边的大海
敞开的梦,在飞翔

2014.7.18
美国《新大陆》诗刊 2018 年 4 月第 165 期

布拉克山区

——位于美国南达科他州和怀俄明州。罗斯摩尔山或者总统山位于布拉克山区南达科他州境内。

1

无垠的绿在草原上翻卷
一直铺向遥远的天边
大朵大朵的白云飘上蔚蓝蔚蓝的天
一步一步趋近天边的草原

你的出现令人惊奇
墨汁昂首伫立
那是草原的奇想?
还是蓝天的感叹?

2

布拉克山
是身着黑色燕尾服的松林合唱团

从南达科他到怀俄明
曲音一层比一层跌宕,婉转

戴德伍德打开了西部传奇
霍姆斯特克金矿记载着战争与财富的航线
印第安狂马酋长手指的方向有多美
"我的土地就是我的人民埋葬的地方"
威严的罗斯摩尔山,四位总统山雕
传来久远的山石爆破声
拨响了
布拉克山区的主弦

2014.7

注:印第安狂马(Crazy House)酋长是印第安人的领袖,他留下的名言"我的土地就是我的人民埋葬的地方"(My lands are where my dead lie buried.)。表达了这位印第安民族英雄热爱人民、热爱土地的豪迈气概。

内布拉斯加

——内部拉斯加州是美国中西北部的一个州，位于大平原中心，是美国的主要农业州之一。

我特意绕路途径你
最好的朋友留学的故地
林肯太远
只好走西线，委屈了地理
穿越奥格拉拉草原
攀上内布拉斯加森林
就像和好友聊天，打球
当地平线浮出黑油油的土地
酣睡的东北平原醒来
一望无际的玉米地啊
就是故乡遥远的呼唤
一声迭一声
油汪汪的绿扑入心底

2014.7.26写，8.10改

《新大陆》2018年4月165期

诗意翩跹

多么调皮,你戴着云的帽子
摇着柳丝的长裙,向我走来
山坡,不经意地绿了

我笑成花瓣的样子。不,是
花蕊的样子,迎接你的清新
用淡淡的含蓄,握住你的笔

这时,写什么都是美的
春韵袅袅。诗意,飘在风景里

2014.3.28
《新州周报》2018年3月第1周

山坡上

绿,一眨眼就燎原了
诗句,春日的阳光
飞翔在清清的草坡上

还有什么需要烦恼呢?
幸福那么近
新春适合播种希望

你看,缤纷已攀上枝头
一串串小花
正在舒展芬芳

2014.4.15
《新州周报》2018年3月第1周

七 月

打开七月
火辣辣,三十五度的目光
飞出漫山遍野的光蝴蝶

葱郁的青山,张开臂膀
蔚蓝的天空,牵着朵朵白云徜徉
鸟鸣是最清新的流水声
在山谷的额头,抹上一丝清凉

远方,一个古老的国度,是我芬芳的故乡
轻轻拾起一片晶莹的光翼
一颗心,飞过山岗

2013.7.26
美国《新大陆》2018年8月167期

在海边

海水,漫过来
飘来大片大片的蓝

我的视线
楞在那儿
似初秋树上的叶子

海边,一望无际的白沙滩
怀抱岁月的泪水
不语不言

2013.8.28
《新大陆》诗刊 2018 年 6 月 166 期

大 雨

雨珠饱满圆润，倾其所有
冲洗雾霾，呜咽和寒凉
带走陈年的淤泥和沙石吧
推开冬天的门栏，让胸怀宽广

惊蛰在苏醒，雨水
流向春分的莺飞草长

拨亮日子里的光影
看新春的绿映满你的窗
日渐丰满的春韵，翩翩
正在撑开雨后的阳光

2014.3.8

暴风雨之后

许多树枝都折断了
空气清新
我看了一眼时间
它一定能掏出
秘不传人的魔法

狂躁的风声安静下来
吹响舒伯特的小夜曲
悠扬穿过荷塘
缓缓的抒情流露出
更深沉的爱
每个音符都是真的
就像眼前
我看到的一切

2014.7.10

《新大陆》2018年6月166期

秋天的脚步声

听,响起来了,响起来了
秋天的脚步声
漫过山野,漫过河流
漫过门前的小栅栏

几经失落的秋心
渐渐充满,大片大片的暖

阳光的语丝,穿透森林
足迹满山,秋天金光闪闪
一个个惊叹号
涂红了一丛又一丛的树尖

2013.10.12
《新大陆》2018年12月169期

初冬的阳光

别只听见初冬的寒凉
一声声,敲打着门窗
别只看见翻飞的落叶
一片片,卷走山林的欢笑
阳光仍然端坐在蓝天上

走过多少光年的路,轻盈的温暖
一直在黑暗的尽头闪亮
拣走心底飘落的凄凉,细语轻柔
悄悄点燃生命曙光

初冬的阳光,明媚的渴望
依然温润,慈祥

2013.11.24

飘雪的日子

雪,白纸一样覆盖原野
多少蓝图可以施展精彩?

我看见美好落下来
在我的身边
走出一行清晰的小脚印
我不能不跟上去
我不得不去追赶
那温润的底蕴牵住我的手
飞扬的快乐像自由一样
呼唤,随时都会扑过来
我看见无数小小的雪花
举着洁白的小灯笼
天真的神情,在眸子里
闪着晶莹的期待

我自然地飘入她们之间
尽管空气还有些凉

日子已开始丰满,恰似雪花开

2013.12.18

雪花谣

在冬天的臂弯里,飘着一曲雪花谣
一朵朵蒲公英,闪动会说话的睫毛

一片片晶莹的诗句,向着我们飞
心灵的旷野充满,瞬间与永恒的逍遥

颠簸在人生的旅途,轻拾笛音袅袅
恰似今天的雪花谣,漫天都是欢笑

2014.3.12

月光（组诗）

美丽的月光

月光，多么美丽的月光
恬静，走在山坡上

款款的月光落下来

一个戴着蝴蝶结的小姑娘
一朵白玉兰
穿着飘逸的素装
一位老母亲的目光，深情
饱含白发苍苍的慈祥

月光，多么美丽的月光
恬静，走上山梁

2013.10.23 《新大陆》2019年8月173期

圣洁的月光

月光落在哪儿,哪儿就亮了
真实得像山峦、像湖水、像希望
有谁遇见过隐身的月光,或者虚无?
我只看见圣洁,在静静地流淌

款款的月光落下来
一束纯洁,一束真诚,一束神圣
似朋友、似姐妹、似母亲
柔和而纯净的爱,四溢芬芳
在孤单无助的时刻
月光来到我们身旁
恰似一支悠扬的神曲
悄悄拂去心底的迷惘

圣洁的月光,是洁白的泉水
在我们的心头轻轻歌唱

2013.10.23 《诗选刊》2019年1月

永恒的月光

1

拨开乌云的翅膀
看,一轮皎洁的月亮
长裙曳地,芦笛悠悠
蜿蜒在山路上

穿过秦皇汉武唐宗宋祖的旧时光
演奏东方和西方的交响

月亮还是那枚月亮
月光还是那片月光

2

款款的月光落下来
不暧昧,也不虚无
一泓晶莹剔透的白
是梦想溢出的波光

爱，洁白的爱，是月光的心曲
世上的一草一木，江河湖海都是她的柔肠
她爱城市、乡村、天空和大地
她爱父母、兄妹、老人、孩子和故乡
她敬仰高山峻岭的豪迈
她体谅一棵小草的忧伤
她祈福
为每一个生灵——

3

晴朗的夜晚
淡淡的月光，洒在我们的身上，脸上
一份温馨，带着祝福的暖
一份爱，带着纯洁，带着真诚，带着博大的宽广
恬静的微笑，是似曾相识的梦
静静地陪伴在我们身旁

月亮是永恒的月亮
月光是永恒的月光

月亮，真美
在无人的旷野里

分外清秀,端庄

2013.10.23

《新大陆》2019 年 6 月 172 期

我的田野

田野从一端,走向另一端
绿色的音符,踩醒
静谧的弦。阳光普照
梦抬起头来

有时真想卸下树木,山石
让步伐无所事事
闲散得像云,神游,仙逝
放逐终点渴望的眼

却终又回身捧起梦的羽翼,随波
无路。任疲惫和充实重新梳理我
似宿命,似理想,似生命的灯盏
只在求索的路途上鲜艳

秋风乍起,天空坦荡,蓝得无边
微凉的空气别问这一程要走多远
重不重要的皆可超度。只需凝神,静气

走过山，走过海，走过勇气的地平线

2013.8.14

哲思亭

为伊消得人憔悴,衣带渐宽终不悔。

——柳永《蝶恋花》

人生路上有许许多多的小亭子,可以坐下休息,可以观赏风景,亦可以整理思维。绿色的亭子攀援着思想的藤蔓,红色的亭子停泊着晚霞的感叹,蓝色的亭子回荡着大海的涛声,白色的亭子飘动着月光的信函。

人生很短,思索很长。让我们在人生的路上,且行且思且悟。

静夜独行

夜静得像睡熟的孩子,只有几盏路灯
在低语,空气饱蘸冬季的敏感
拂过脸颊,打开夜清新的梦

旅途的音符应该都是孤单的
可我不是个孤独的人,从来都不是
即使在漆黑的夜,即使只身一人

总有一缕风,一片云,一段山路,甚至一棵树影
闯入思维的片段,拉长思想的路
翻飞花蝴蝶般的精灵,引我神往,悉心静听

黑暗中一个个细小的声音,述说着静谧
每个故事都闪烁泉水般颤动的清音,即使在
冰封的日子里,也听得清,那些生命的奏鸣

花朵的残香,似乎藏在每一个暗影里,
　　让夜踱出馨香
忧伤的心读出忧伤,快乐的心读出快乐

山路在脚下蜿蜒，夜悠闲地伸向远方

2013.8.21 《国际日报》2018 年 12 月 1 日

坦 然

坦然,像道路一样
接受此起彼伏的脚步声
还有车水马龙

一条满是尘埃的路
恰似一颗疲惫的心
岁月不惜磨掉它
天真、快乐的光泽

心,走过风雨雪霜
却会更加强壮,正像
道路旧了,仍然会伸向前方
以一如既往的顽强

解决问题的钥匙
并不是坦然,但坦然能面对
纷杂,黑夜和黎明
以微笑,以清醒,以波澜不惊

2013.11

主观与客观的争议

用客观的双脚
丈量主观的真理
就像用科学去检测文学
证据成了风花雪月
一瞬间就迷了路

用主观的思想
飞翔客观的梦
恰似用文学去阐述科学
所有的命题都存在
又都不存在

我以天地为容器
调和主观与客观的争议
困惑沉淀出来
站在意料之外

我摸索着,真理的门扉
虚实不详。思维的小径

在苍茫中探出头来

我突然发现

困惑的无奈里夹着求索的可爱

2013.11

超凡脱俗的代价

不知如何去营救一个天真的笑
也不知哪条路能走回物我两忘
诗意的心境沦陷在飞扬的笔尖
一个大写的人字屹立,遍体鳞伤

尚未理清心坎上的崎岖
忍住脉搏的疼
伸手搀扶途中颠簸的路人
拨开浓雾,让阳光的旋律歌唱

在一个喜怒哀乐都不成立的时代
雾霾和阳光的毒性或许等同
为美好的付出何须击掌高歌?
懂你的人自然读得透灵魂的清

超凡脱俗,从来都要付出代价
问心无愧最真实
"公说公有理,婆说婆有理"

盘踞着路口,是瞬间,还是永恒?

2013.11

人生旅途(组诗)

人生

入口和出口早已凝固
中间的凹凸有时可以选择
至于胜败,乃兵家常事

2013.6.2

乱麻

一团乱麻,摸到一个活扣
轻轻一拉,就"柳暗花明"了

2013.11.16

南下,南下

驾五百里春风,南下
深入春的风情
大片大片的旷野,脱去洁白的风衣
黝黑的脸庞,浮上绿茵茵的欣喜

企盼一睹满城樱花飞舞
谁知雪花夜半挑帘潜入
正像人生,风云莫测
三十年河东,三十年河西

2013.3.29

走出自己的一亩三分地

即使把每一寸土地深翻三尺
甚至把每一块泥土掰碎、揉细
数一数,不过就是一亩三分地

即使在上面走上一天
或者一年,甚至十年
还是只有一亩三分地

能不能让目光信马由缰
抵达深远
像山峦一样逶迤
好儿郎志在四方
中国的国土九百六十万平方公里
地球,是人类二十一世纪的疆域

关心雾霾和肺
关心有毒的食品和同胞
关心世界灾难和非洲饥饿
关心欧美挣扎着的经济

关心,并不是终点的彩旗

要用敏感的触须寻根探源
要用陌生的创新修改病句
为了地球,为了同胞,为了人类
为了未来的孩子们
每一滴心血都将是一个奇迹

别只盯着自己的一亩三分地
做蓝天上翱翔的雄鹰吧
让激情奔驰,染绿江山万里

2011.12.11

与时间共舞

1

许多美妙的光泽,还没来得及
打开,夏已温暖成一团火
时间总是喜欢,昂首阔步走在前面
我轻手轻脚跟上去,牵着踉踉跄跄的日子
还好,它没把我拉得太远
我深深吸一口气
起身追赶明天
追赶一片绿荫,一团若有若无的火焰

2

我一步一步追逐时间
时间也在追逐我
年轮生出刺眼的白发,做酸甜苦辣的
刻度,衡量日子的冷和暖
岁月缩短是非成败的距离
许愿瓶无悔,漂流时光长河
每一缕晨曦,每一枚落日
渴望的眼,滴落的汗
鸿毛与泰山的重量已无法称量
又有什么呢
我认真地活过,就像时间
真实地穿过
远古近代今天,穿过我
打开新的一天

3

痴迷拨响时间的琴弦
流水漫过心扉,载着半空半满的时间
自由的心,响起催促的滴答声
生命沉浸在时间里

时间握紧生命的期限
体验、创造、开拓、承受
一个个光片闪着喜悦和泪水
在岁月里沉积，沉淀
幸福依然葱茏
因为我仍然拥有时间的
几分苦和几分甜

2014.7.4

美国《侨报》2018 年 12 月 29 日

寂寞是个奢侈品

你怀抱大把大把的寂寞
我不知该说什么
我歪着头,猜寂寞的秉性
尺寸,颜色,形状
它需要多少时间的空瓶子
我试着把寂寞夹入
慈眉善目的时间段落
品读它空空如也的滋味
可是匆忙一抬腿
它片刻烟消云散

寂寞是一件昂贵的奢侈品
吃不得,穿不得,不合我的胃口
就像生活,半瓶子水
是空?是满?取决于我们的视觉切入
我走在忙碌的路上
满眼新奇,脚印追赶变换万千

2014.7.3

生与死
——悼念卧夫

你走了,却第一次出现在我的世界
时间尴尬地伫立着

你是谁?我辨不清经纬
但是你让我很难过,就像走入命运的蹉跎

和你一样,诗歌是我戒不掉的呼吸
和你不同,死亡的想象从未在我窗前飘过

难道你是唯一被柴米油盐追杀的么?
难道你是唯一被七情六欲通缉的么?

死是生的句号,生是死的幸存者
死不是生的意义——
生是**繁花**,是绿叶,是果实
是天空中飘荡的一首歌儿

死亡本是每个生命必经的码头
追求的意义是什么?

提速。死没有增大,也没有缩小
只是生的枝叶消瘦了

2014.5.15

问 号

一串小问号
错过理性的岸
逗号句号洒落一地
溅起一簇惊叹号
砸碎水波的涟漪

那一小堆乌黑的石头
怎么会忽然长高了
我不记得
那里曾经有你

2014.3.2

信 任

斑斓的秋是一首小诗
诗意坐在湖畔梳妆
快乐生出透明的薄翼
落在金秋的肩头上
我却独自萧然泪下——
只因你错过了整首诗的清韵
捉住一个词儿的童年
喂以歧途,任它长成一条吐芯的蛇
回头咬疼一个村庄

十九世纪的印第安英雄
驰骋在北美的大地上
当被问及领土时,他的思想
都是人民啊!难道不令人热泪盈眶
而我只能默默地叹息——
因为你忽略了他的英勇和高尚
单单盯住名句中的 "埋葬" 和 "土地"
枉自被一百多年前的北美土著
莫名其妙地刺伤

没有信任，阳光也会生出毒芒
互相猜疑是一辆没有终点的列车
一不小心，就会打碎和谐和流畅
路都得自己走，留白允许辽阔的想象
我宁愿昂起头来——
相信每一寸土地的坚实
大踏步地走在人生的大道上
用整个身心去感受生活的赠与
每一步迈出去，都满怀希望

2014.8.15

新年伊始

写个计划吧,或者着手做一件小事儿
让阳光透过枝丫,温暖冬季的前额
一个小小的字,给予了我们太多太多
温馨渴望痛苦焦灼,潮落潮起——
静寂和喧嚣,都是它的歌儿,它的歌儿
大片大片的蓝啊,在默默地倾诉
它倾诉啊,倾诉,我听得见它倾诉着什么

开始做点儿什么吧,在新年之初
读一本书,饮一杯茶,或者清扫门前的院落
让寒凉松动,生命萌芽
希望就会像黎明的朝霞随之升起
相信吧,日子会一天一天地亮起来
在这个世界上,你不是唯一的岛屿
请你小心轻放,一缕缕风声的颠簸
朋友,行吗?为了你,也为了我

2015.1.10 《诗选刊》2019 年 1 月

节日心语(组诗)

新年

合上一个年轮,只封存温馨
的红。点燃星星和灯盏,照亮
你的好,看淡月白风清
千年修渡,缘为本,今生与你相逢

捧出一个"新"字,让爆竹开口
倾囊久窖月光,为你斟上满园葱茏

2014.12.30 《星观天下》2015年第1期

正月十五记忆

还记得第一次

猜对一个灯谜，惊喜的
四岁，更惊喜的
是母亲脸上幸福的泪
像漫天飞舞的雪花
比谜底更美

还记得第一次
在异乡赶赴灯会
十七、八岁的笑声
似炒豆，挤在人群里
比熙熙攘攘的彩灯
更红火，更陶醉

还记得第一次
邂逅你的啼哭
捧着一个八斤重的奇迹
坠入你的童话王国
从此，"我"的概念模糊
再也看不清累

2014.2

《漱玉》2014年

情人节的早晨

撩开窗帘,千树万树的梨花就开了
轻雪有心,昨夜巧布梦幻仙境

远方,轻重层叠,山拥着雾,雾依着山
睁开半睡半醒的双眼,晨曦的呢喃朦胧

遍地积雪依然固守着冬的底蕴
尽管春的消息已从四面八方赶来

翻开冰雪的画卷,天蓝得没边儿,山路醉了
叩开山峦,蜿蜒琼枝游廊,亮出心灵深处的一点红

2013.2.14

远方的端午

苇叶,糯米,一根根馨香马莲

异乡，异国，一缕缕华夏炊烟

剪不断，发黄的旧时光
包不完，民族魂魄，岁岁年年——

摇起《离骚》《天问》，两排龙舟的桨，
　　听两千年的浪涛滚滚
捋一捋长髯，抖一抖长袍，看五万里路走来楚国屈原*

故乡已远——，那凝固的诗篇——
《九歌》悠悠，一朵一朵盛开在我心里面

一双手浸在粽香里，抚摸你骨感的诗句
掬起一把把米，遮挡汨罗江的风寒

端午，一个大写的人字，逆流而上
碾碎时空；正义馨香若兰，伫立天地之间

* 中国北京距美国华盛顿大约五万里。

2013.6.8 入选《故乡的云》2019

七夕

那一条银河
隔开的是温馨还是希翼
那一座鹊桥
架起的是幸福的泪还是难舍难离

葡萄架下的耳朵
乞巧的手指
串起天上人间的水晶珠链
清澈的泉水,如泣如诉
温润着沧海
也浇灌着桑田

2014.8.1

中秋的祝福

一天比一天丰满

月光展开十五的裙边
流苏,似雨

纯洁的柔软,清流
一声声呼唤,入梦
入魂,似山峦绵延

斟一杯温暖
擦亮秋收的喜悦
祝福跨越万水千山

2013.9.18

回家过年

年关真的近了
镜头堆满大包小裹
熙熙攘攘的车站

年关的路其实还很远

清清的河水倒流十八年
依偎在母亲身边

2013.2.5

认识自己(组诗)

花开的声音

那是你的笑声么?羽毛一样
飘落。我的心一颤

稚嫩的旋律漫过绯红色的云烟

我握紧母亲一声声呼唤的童年
奔向师大附中的旗帜,大学
高耸的门槛,研究生院的灯火
五瓣丁香,铺满鲜花的红地毯
……

崭新的朝阳举起明天。美妙
藏在日子里,撩拨我的心
我怎能不屏住呼吸,倾听你

轻柔的花语沁入，如诗如幻

2014.9.26

获《绿风》诗刊第 22 期同题诗赛优秀奖 2014 年 11 月

时间的缝隙

时间有缝隙吗？
一定是有的，我经常掉进去
骏马的蹄声得得得飞越旷野
灵巧的小诗提着长裙趟碎浪花

我站在时间的正面，或者背面
码整齐的报告方阵，采一篮子
孩子咯咯咯的笑，诱惑满脑子英文的
小学生吃掉几个中国字，然后
迅速封上口，祈祷不丢失一朵梅花

夜深人静时，我钻入时间的缝隙

摇一叶扁舟,梳理月光流萤,倾听马蹄滴答

2013.1.30

《纯诗》诗刊创刊号 2013 年 8 月

收入《当代千人诗歌》精华卷

人到中年

这是水落石出吗?
梦的涟漪挂满枝头　梅花含馨吐艳

人到中年　多少次回望
真不信自己的眼睛
一路攀援的峭壁　依然若隐若现

能把放弃当作给予吗?
彩排和镜中佳人妥协　狂长的孩子踏上云朵
跳一曲慢步华尔兹　精彩醉人片段

梦依然醒着　曙光满眼
怎敢合上视线？

2013.1.25
美国《新大陆》诗双月刊2016年8月第155期

当我老了

当我老了
我就把匆忙折成一只纸鸢
提起阳光的悠闲
在房前屋后种菜浇花
穿一条飘逸的长裙
放牧慈祥的目光　追逐蜻蜓蝴蝶
把优优雅雅的暮年
种在蓝天白云之下
青草花丛之间

当我老了
我要和你开一辆随意的房车

徜徉地图的散漫

摘一碟城市的喧嚣 斟一杯乡村的静谧

做我们黎明的早点

舒展诗意的清新

缝补遗落在日子里的细节

让黄昏坐在宽大的摇椅里

品读幽香袅袅的紫罗兰

当我老了

我就让沙发的柔软拥有我的傍晚

面对壁炉里跳动的火光

打开你的或者我的诗篇

听颤动的琴音重播风雨

阳光 枫叶 小河流 月光拨动琴弦

然后轻轻道一声晚安

犹如天空飘落的一枚雪花

做一行行诗句的书签

2014.12.20

自画像

我是透明的,又是神秘的
琴音端坐在荷叶上
柔似一缕花香,静若一席月光
一泻千里的清韵,是我一望无际的豪
放

我是住在低音部的一个音符
微弱,穿着朴素和善良
我是站在高音部的一片阳光
灿烂,照耀着追求和理想

我捧着满怀纯洁清新的爱
热爱生命,人类,大自然,整个世界
鲜花和大海都是我的歌唱

有人说:我是青海湖
有人说:我是高原上的格桑
有人说:我是斩不断的水,是神……
我说:我就是我, 一个平凡的
女人,就像沧海中的一滴水

清澈，安详，闪亮着柔和的光

2014.9.26

虚实轩

艺术源于生活,又高于生活。

——巴尔扎克

这是一个虚构的世界。橹声摇动着虚构之下的真实和真实之上的虚构,一只诗意的小船在虚幻的世界里走了很远,驶过思考,求索和体验。

此 时

那么多双眼睛，突然亮起来
举着迥然不同的神情
千军万马，滚滚征尘
逼向只身一人的她
没有丝毫准备的她
月光一样柔弱的她

她退了又退
一直退到山脚下

几个夜晚，都是雪亮雪亮的
阿拉丁的神灯没有来
即使手中只有单薄的梦
也不能倒下
逃，不是她的山茶花

也许，巾帼也能做回长山赵子龙
只见山门外，傲立一人

银盔银甲，无枪无马

2013.8.16

无 题

我知道
一个"谢"字,太薄了
岂能抚平你千山万水的错落

一串叹息
悄悄地滑过
我怎敢把它们碰出水来

"举起千斤,放下半两"
请答应我
别用忧伤压碎我们前方的路

其实,她笔下的地球真像我
生怕触动海啸,火山,或者地震
强忍着一阵阵的咳嗽

2013.9.5

梦 境

剪掉赤橙黄绿的缤纷
剪掉青蓝紫的清韵
任黑或灰尽情蔓延
端庄肃穆,所有的花朵
没有幽香,没有摇曳
也没有原罪
或者诱惑

剪掉山峰,剪掉山谷
剪掉江河湖海
剪掉日月天体,剪掉云雨雪
剪掉鸡鸣犬吠虫吟鸟语
世界从此不拘言笑
空旷苍茫,四方都是一个"静"字
静极了

剪掉影影绰绰的心语
剪掉丝丝缕缕的情感
剪掉圆满的句子

剪掉告诫的修辞
剪掉道德这个障碍物
剪掉爱人这个易碎的词
辞海缓缓地枯萎
或者消瘦

摇摇晃晃，诗歌从地上站起来
渴望的眼神，伸出
瘦骨嶙峋的手
"给点儿意象吧，我饿。"
剪子冷笑一声
别以为减了肥，我就认不出你
你这个蛊惑人心的家伙
原来藏在这儿

骤醒，一身冷汗
泪水浸透光影的斑驳

2013.9.8

去远方

也许菊香、秋雨、缩水的日子
都是惜别的话题

我需放下眷恋的墨香
放下诗海的蓝
放下淅淅沥沥的小雨
去远方,听菊

把宁静的水域留给你
把美妙的词藻留给你
把心灵的芬芳留给你
还有如诗如梦的旖旎

一道水帘
缓缓合上我的视线
又将在你的窗前开启

微风轻轻擦去我的
点点滴滴,就像把风放入风里

阳光一跃而起

幸福似初春的新绿，伴你

2013.9.8

因为在意

一条条清清的小河,扬起细碎的浪花
柔柔的清波荡漾,拨动水纹的轻歌
歌声飘动,河边的草地绿了
歌声悠扬,山坡的花朵红了
歌声憔悴,善良的心灵疼了

那么多的歌子啊,等着谁来和?

那是一滴多么不开窍的水
那是一滴多么不合时令的水
那是一滴纯纯净净的水
那是一滴饱含激情和热泪的水
一次又一次,被送上过山车

狂长的野草似泪水、失落和怒火,侵入
小河的一笔一划。如针,刺入一个人的骨骼
迷失了温柔的杂音,也是爱的千山万水
眼望一片忧伤的海洋,一滴水又能做什么

沙啦啦的雨滴落下来，淋湿了秋天的山坡

2013.10.2

山间流水

你清澈的流水声，溢满山间
飞溅的清音，水晶球已悄悄拾起
小心吹落一路风尘，珍存你的一颦一笑
轻手轻脚，不弄皱一丝涟漪

走过那么颠簸的山路，你一定累了吧
连月的无眠，我也把憔悴画得越来越生动了
倚着秋高气爽，来，我们把心境放到草坪上
来去都随你吧，你是自由的。我只希望每个
人都快乐

山色斑斓，美无垠。我打坐，采万物灵气
拓展心海经纬，从容你的潮起潮落
跨山隔海的缘分得怎么量呢
也许，只有诗歌能承载如此辽阔的穿梭

就住在诗意里吧？让诗歌开满山坡

2013.10.2 写；2013.10.23 改

请允许我这样说

辽阔,我心。装得下千山万水
从容险峰,深壑
却在这温柔的浅滩
泪雨滂沱

我能驰骋江山万里
号令三军
可我怎能运筹漫山的红叶
每一片都应悉心呵护,那一颗颗心灵的婆娑

爱情是百花丛中最芬芳的那一朵,是人生的钻石
我懂得,但我怎能应和?
环视你们身边的社会基本元素
我怎能做千古的罪人?
你可知道你们摆下的盛宴有多美?这旷世之爱
可我怎能背弃一生的承诺?

其实,这样你得到的最多
一份圣洁的爱,我的风景——

我可以坦然敞开的心扉
绵绵的诗意,泛起清澈的水波

倘若暗淡的旋律响起,纯洁的月光会来
像朋友像姐妹也像母亲,在你身边轻轻地说
"'面包会有的,一切都会有的'*
来,让我们唱首温馨的歌儿"

*:引自一部前苏联老影的台词。

2013.10.30写;2013.11.20改

归 途

仿佛已越千年
不碰一页尘封的日历

多少浪花，潮汐
静坐，锁入发黄的照片里

可以回家了吗
几次拆开打好的行囊

小心翻开今天
却见思念亭亭玉立
站在村口的风里

2013.12.8

当我想你的时候
——致草木容若的诗《乱我心者》

当我想你的时候
清澈的流水声,漫上心灵的旷野
冲淡野豹蹄印的忧伤
渴望,一串珍珠,滑入蹒跚的诗句
拾起你不敢触摸的意象
一枚一枚擦亮芬芳

斩不断的水,清清
站在你的意料之外
我的想象之上
假如这是宿命布下的罗网
就让我们生出坦然的脊梁
别让疼痛咬破风雨
仿佛,看得清云朵的思绪
千丝万缕,泊在恬静的蓝天里
很轻,又很重

当我想你的时候
雪花的细语拂响天籁,似梦

飘落纯净，温暖和清凉
当我想你的时候
天边披上夕阳的霓裳，如幻
盛大的花园绽放瑰丽的慈祥

当我想你的时候
我舒展折叠的灵魂
在纸上与你分享果汁，小甜点
当我想你的时候
我守护一瓣梅花的尊严与清香
不让污迹或者亵渎靠近你
我轻轻地读你，用心灵的目光
你说我是一个英雄，在转动的经筒里
又在转经筒之上

当我想你的时候
我拥有一个完整的世界
美妙，清新。浩大，
如时空对望
我的思念，不是泪
是金色的阳光，在生命里飞翔

2014.1.2 写；1.4 改

山花的故事

其实,那片海她已很久不去了

一朵浪花意外地打过来
只一瞬间,她就被海啸卷走了

她感觉到自己的肢体在挣扎
涛声里还有许许多多的叫喊在挣扎
她本能地伸出手
去搭救那些晃动的影子

当她醒来的时候,眼前
一片空白。她静静地哭了良久
然后,擦干泪,向前走去

2014.1.13

致姐妹

姐妹们回来啦

我久别的姐妹们
我思念的姐妹们
像感恩节的风吹亮炉火的暖

编一个"谢"字,用湖畔的芦花
戴在以"我"写出的诗句手腕

感谢你们把一个孤孤单单的"难"
稍许冲淡
放出一盏盏河灯的闪

2013.11

致兄弟

我的兄弟们顶天立地
激情的笔,比浪涛更汹涌,比大海更湛蓝

"所有的风只向你们吹
所有的日子都为你们破碎"*

打开淡淡的荷香,感激你们的好
轻轻吹散愁绪几缕,柔和的温暖充溢遥远

山间的小湖,怀抱一湖涟漪
湖心,闪着希翼,别着一曲萧长笛短

*. 引自海子的诗歌《四姐妹》

2013.11

晴 朗

一切都静下来,有祥和的彩虹
日子生出蹦蹦跳跳的小阳光
没有纠结的岁月似水一样清澈
真挚的情意是风铃清清脆脆地响

若幸福,你愿意就醉着吧
用自由的风向书写诗行
酿浓一抹灵感。月光圣洁的柔辉
飘落天际,擦亮你才华的光芒

若痛苦,请把酒瓶给我
你需醒来,别用刀刃度量
两颗心的耐力。吹个口哨吧
让我替你饮尽前方的忧伤

梦中,每一条小河都奔腾着友情的浪花
回到童年的故乡。相视一笑,青山绿水坦荡
但我懂得我需尊重你能抵达的岸
可否企盼你来理解我可以扬帆的航向

是缘？是劫？这走不过去的千千结
是否能生出和平与体谅？
这苦，这甜，这心尖上的歌唱
不肯歇笔的历史，是否能一天比一天晴朗？

2014.8.7

从深秋开始

深邃,深秋的眼神
棕红色山峦,铺开水波韵律
棕红色云朵,挂在天上
主旋响起,暖,祥和徜徉在天地之间
一轮暗红色的夕阳,站在
树林背后,托起世界之光

辽阔的风景,在车轮上滚动
我用目光,丈量去春天*的距离
大雁的鸣叫,落下雨来

我知道路还很长
但是春天就在前方

* 春天是美好,是希望的象征

2013. 10. 30

打开梦

打开梦,我在梦里
梦在海上
梦很远,有袅袅的芬芳

没有文字的符号,谜面戴着神秘
有文字的符号,谜底就清晰么
我着迷地想,没敢把思想拉得更长

还敢向前走吗
心缓缓地站起来
我笑了

梦打开着,闪着微弱的光

2013.10.31

哦，真好！

心缓缓地站起来，有长发滑落

哦，真好，我还活着
二百零六块骨头，每一块都醒着
疼痛清晰，像风吹过竹林的沙沙声

疼痛从哪里来？ 我辨不清
哪些是我的，哪些是你的，哪些是陌生人的
它们都住进我的骨缝，表情丰富地疼着
还好，我感觉得到，所有的人都还活着

我摸不到隔世的天空，恍惚间
那么多柔软，似丝绸拥抱我，潮水一样涌来
那么多忧伤，洗落铅华的泪，淹没了我的心
那么多欲望，逼近一朵小花
那么多愤怒，谴责纯洁不肯堕落

风口站在我身上，风从四面八方吹
树丛间影影绰绰地透出忧伤和渴望

我多想让它们笑起来，诱惑瞪了我一眼

路很多，但是每条路上都高悬着沉重的铁锤
不是落向你，就是落向他；肯定都会落向我
这四通八达的路，竟没有一条狭窄的华容道
……

心优雅地站起来，多么期望有一个音符飘过

2013.10.31

晚风吹

音符响起，由弱及强的清音
跳动在晚风的指尖上
清新的气流穿越心海
几缕长发扬起

天色渐浓，月牙瘦
漫天星光浮出深蓝色天际
柔和的光影落下来
远山朦胧如梦，一片静谧

晚风捕捉我的眼神
调皮的音符落上掌心
"恨他们吗？"
一抹淡淡的微笑飘散在风里

2013.11.9

风儿吹

1

风儿又伸出了手臂
像往昔,方向扑朔迷离
无影又无形的你
无处不在。总向我或明或暗地
揭开你存在的痕迹
只要我推开门
注定落入你的重围

2

你执着地吹,倔强地吹,深情地吹
把羽毛和沙石同时吹入我的水域
我不想揭穿你的企图
我试着适应你,拆解你
感受你,甚至解开你的暗语
我试着指给你看
远看近瞧都有风景

不在庐山之中——
谁知是塞翁失马,还是巧合天意?
灵魂和相知都有横跨时空的羽翼
超脱些,生出风骨
有谁能丈量思维的距离?

2014.6.25

为什么

为什么你那么喜欢打结
给生活打结,给心情打结
给蓝天打结,给雨水打结
给四面八方的风打结
给芬芳的纯洁打结
给夜晚的幽静,也打上了结

我一直在替你解
一遍又一遍地解
一层又一层地解
不舍昼夜地解
站着解,坐着解,趴着解
就要变成村口的老榕树了

能不能轻松一些
像个老朋友,观云看柳
那些诗意的浪花多么温馨
为什么你的心中

不会生出嫩嫩绿绿的新叶

2014.6.28

《关雎爱情诗》2016 年春季号

假 如

1

假如你一味地纠缠忧伤
似藤扭曲在树干上
我就会干涸了
丢失所有的水分,风干
瘦成莲的剪影
舒展一纸荒凉

我小小的心,泊着一个柔软的港
装得下千山万水
但载不动你绵绵的悲伤

2

假如你一定会花粉过敏
为何还要徘徊在花蕊旁?
你感冒,为所有的表情
你抱怨,淡淡的花香绊倒了你的夜

我用遗憾抹去诗句的芬芳
留安静和辽阔与你——
可你并没有分外葱郁
而是捧出满城的颓败给我的眺望

我归来,为你——
伫立在纠结的腹地,供文字叮咬
难道这还不够吗?
"横眉冷对千夫指
俯首甘为孺子牛"
我轻轻地吟诵,站直一缕莲香

3

假如你是污浊,淫秽,十恶不赦
我岂能挥洒万里月光
可你心中跳动的浪花啊
一朵朵都是真诚、执着和善良
怪只怪我佛慈悲
却无力超度一片汪洋

2014.6.28

很想说声谢谢你

那一瞬间卷走的忧伤

令我落泪

我清楚地感受到

飞翔背后的引擎

那颤动着的动力

让人心醉也心碎的动力

我轻轻地合上了眼睛

除了祝福你

我还能做什么呢

展翅飞翔吧

做一个搏击长空的鹰

2014.7.21

一条河的幻觉

铺天遮地的大字报
消失了
暴力、污秽、荒谬
搁浅在1969年

她是一条幸运的河
流出了那间会议室
纯净的眉心不屑去迎接
没有事实质感的箭

行不更名,坐不改姓
一朵朵浪花簇拥着她
清脆的风铃声
飘入夏的两岸

2014.7.11

为什么我不能

为什么我不能　做个木头人
无视飘浮的忧伤,暗哑的哭泣

为什么我又伸出手,扶起大片倒伏的麦子
那些麦粒多么饱满,那些麦芒多么锋利

为什么善良是我的敌人,一次又一次地击倒我
我绕呀,绕呀,一直无法绕过去

2014.6

因 果

有谁能玷污一片月光呢
有谁会亵渎自己的母亲

母爱是伟大的

倘若有人在月光里
侮辱母亲的人格
母爱就不得不告辞了

尽管那从来都不是
母亲的选择

2014.6

我不怪你

你戴着各式各样的面具
来自四面八方。你尾随我
一路。山道崎岖,你不肯离去
因为你爱着,我不怪你

你采集春天的芬芳,夏日的莲语
金秋的高远,冬雪的静谧,酿一壶纯酒
你醉,醉得不能面对悲喜,多疑又敏感
因为你爱着,我不怪你

你闪着童真的目光,牵住我的衣襟
不让我上班,不让我出差,不让我赶赴饭局
只要我步出视线,你就以思念、愤怒和泪水洗面
因为你爱着,我不怪你

你克制食色之性,深藏忧伤之河
用孤独铺一条沉默的路
因为你舍不得一朵小花憔悴、凋零
有谁能称出真诚的重量?这爱,这赠与

这一路啊，多希望你能坦然与我切磋诗艺
把爱放在诗里，别伤我，也别伤你
你不能，我不怪你。因为你爱着
爱不能呼之即来，也不能挥之即去

2015.3.6

若 爱

为什么不让她唱呢？
那美妙的弦音
令她颤栗。一朵莲花绽放
馨香缕缕，从心头升起
给拥挤的喧嚣，一块幽静的空地
给纷扰的世界，一片纯洁的旖旎

为什么一定要用世俗目光
套住一只白鸽的羽翼
把自由禁锢在忧伤的沼泽
若爱，就给她幸福吧
那大海，那辽阔，那幽深的蓝
是她的飞翔，也是她的栖息

2014.11

十字路口

走过什么样的路抵达这里
已经不再重要了。重要的是
我站在一个崭新的十字路口上

路标上的地名如此熟悉
北京街,上海路
折射着温暖的阳光

可是,北京街并不住在
北京。上海路的终点也不是
陆家嘴,豫园和外滩

沉重的行囊有些疲惫了
不停地拍打我的肩
询问路在何方

2015.2.12

收入《华语诗人第二届女子诗歌大展作品选集》

把绿意放回枝头

多少个迂回,在日子的拐角
我渴望走入深山竹林
寻觅碧绿的清晨
看阳光打湿自己的影子
一支笔流出清澈小溪

我无法看着整个世界荒芜下去
无法让自己的生命颓废
也不能像个气球,在压力之下
膨胀每一个细胞,直到疲乏之极
"砰"地爆炸。欲寻
一缕炊烟,散了

盘根错节的山林地图
有谁能懂呢
满山枫树橡树苹果树
伸骨感枝丫向蔚蓝天脊
积雪覆盖冬日大地

也许
当世界懂得这一切时
绿意就将纷纷飞回枝头
路的尽头
梦一样清新旖旎

2015.2.12

一首诗对我说

我慢慢靠近一首诗
就像靠近一片阳光
一棵树,或者母亲的爱
我静静地坐下来
听文字在树枝上摇晃
我仿佛有了依靠
又什么也没有

诗歌慈祥地对我说
"哭吧,孩子,这里只有我。"
"我一直看着你,纤纤独行
走过荆棘、峭壁和漩涡。
多怕你开成深秋的花儿
或者长成冬季的河。可你
的心,依然泉水般清澈"

诗歌不停地说,纷纷扬扬的
诗句雪花儿一样飘落
似泪水,似阳光,似母亲的爱

我一直安静地坐着
想说什么,却什么也没说

2014.11.16

《诗刊》2016年第8期

诗评与创作谈

每一首诗都是一个独立的个体。一旦走出诗人的世界，诗人的笔，诗歌就是一个离开家门的孩子，开始行走自己的路。每个读者都以自己的阅历、心境和感受与诗歌共鸣。有时，读者的共鸣与诗人的创作初衷密切吻合，有时又会大相径庭。但是，好的诗歌一定会触到读者的心灵，从某一角度给读者以理解、以温暖、以鼓励。在那一刻，读者和诗人的心交汇在一起，在诗句中。甚至可以跨越时空的距离，在文学中共鸣。

感谢许多诗歌界的老师和朋友们关注我的诗歌。这里收集了著名诗人洋滔老师和著名评论家美学家江建文老师对本诗集部分诗歌的评论文章，还有我自己的两篇诗写心得。我意在用诗评和创作谈给读者打开一个视野窗口。读者可以从不同的角度了解我的诗歌。我也期望借此表达我对各位老师、诗友和读者深深的谢意。

饶蕾《笔底风光》的壮阔之美

洋滔

在美国科技界,像饶蕾这样痴迷诗歌且写得好的人是很少的。最近她寄来组诗《笔底风光》,看后眼睛为之一亮,心地顿时开阔,惊呼:好!

饶蕾在这组诗里,以激情写意的雄伟气魄,向我们展现浩气贯长虹的壮阔情怀,让我们领略到世界一些著名景点的壮美风光,视野随着诗人的诗路更加开阔辽远。从这组诗里,可以看出诗人与大自然、诗人与生命、诗人与历史同构相融的精神境界,独特的诗歌体验与人生感悟,使其诗歌形成一种气势磅礴、格调高远、时空宏阔、蕴藉恢弘的阳刚之气。在这个美好的世界里,饶蕾给我们呈现出一种主体昂扬、长风出谷、如雷如霆、崇山峻岭、犹决大川的独特美感。作为女性诗人,多以阴柔优雅见长,可我们却被饶蕾这组诗的气势和劲道所征服,别具一格的《大峡谷的抒情》,用拟人化的手法,让我们听到了大峡谷神彩飞扬的抒情,"用科罗拉多几百万年的涛声/用山石浩瀚的坚忍,还有无言的疼/美从历史中走出/雕琢有声有魂,曲音无垠/多像人生的歌谣/歌唱着摧毁,也歌唱着诞生//我走在旧时光的幸福里,一行/曾经的年轻人,离我很近/相聚的前方就是分离,让我们握紧时钟／分享大峡谷的浩瀚，还有宽宏／争先恐后，照相机不停地闪动／唯恐漏掉一个微笑，一次重逢／／我悄悄地珍藏起一粒奇异的火花／它很美，那是人类未来的憧憬／／"行云流水，大江东去，激流奔腾，气势磅礴，青山佳色，隐然可爱，人生歌谣，"曲音无垠"，"有声有魂"，"浩瀚宽宏"，烟霞变幻，难于名状，恰如其分地融入了"相聚的前方就是分离"很哲思的诗性美，给人启迪，让人警醒。饶蕾已经跳出了旅游诗、风景诗的一般性描写和歌颂，她比我们站得更高，看得更远，想得更深。明代布衣诗人谢榛在《四溟诗话》中说："作诗宜远望，如及登临非复可观，唯片石数树而已，远近所见不同。"饶蕾正如谢榛所说，既近看，又远望，既现实，又历史，既写景，又回顾，既抒情，又说理，天马驰骋的天地是辽阔无垠的，有妙意拈来着眼高的境界，这首诗跟女诗人舒婷《神女峰》"与其在悬崖上展览千年／不如在爱人肩头痛哭一晚"有异曲同工之妙，我们听到了饶蕾耳目一新的歌唱，给一个千古题材开拓出全新的意境。

饶蕾写《伊斯坦布尔》："歌声似流水在大街上徜徉／唱歌的是此起彼伏的伊斯兰教堂／七个山丘，盛满历代帝王的足迹／大河上下，拦不住高楼大厦浩浩荡荡／／若说美，还要去博斯普鲁斯海港／那儿有渡轮鸣叫，土特产舞蹈／钓竿，欢呼，水波，夕阳／一泓蓝蓝的水域，泊满亚非欧的目光／／迷人的伊斯坦布尔，丰厚端庄／她是一个的圣地／独特的个性／有亚洲的血统，欧洲的芬芳／自从踏上那片土地／我的心中就多了一缕阳光//"一泻千里,横绝时空,言浅意深,言近旨远,优美流畅,自然天成,气势恢宏,情理相融,谋篇布局匠心独运,洋溢着一种大气魄,大气派。情由景生,迂回旋折,层层推进,纵横排荡,舒卷自如,如喷薄火山,令人百感交集。"一泓蓝蓝的水域,泊满亚非欧的目光","有亚洲的血统,欧洲的芬芳","自从踏上那片土地/我的心中就多了一缕阳光"。满怀激情,诗意盎然,情调优美,引人入胜。我们感受到饶蕾人生阅历的丰富和创作题材的深化,看到她诗歌骨子里的精髓,有激情不羁的气质与壮怀。饶蕾诗歌的雄浑,是一种艺术风格,有超越鸿蒙,涵盖宇宙的气势。她在壮美之中深寓情意,令人玩味无穷。自然与和谐,历史与追溯,现实与理想,是诗人对自然,对人生,对生命价值的终极思考。

饶蕾这组诗笔墨洗练,言简意赅。她笔下的孔府、孔庙、孔林,就是"三壶极品的龙井,毛峰和碧螺春/杯杯斟出中华的精髓//"(《曲阜》),寓意深远。她眼中的加尔维斯顿纯净如"一粒珍珠/泊在大海的蔚蓝里//"(《加尔维斯顿》)。她走在纽约时代广场上,许多红色的桌椅随便散立,在这里不需消费,不用付钱,轻松地让疲惫尽情舒展,闪光灯不知疲倦地争先恐后地闪烁,摩天大楼簇拥着食物的香气、小店的炊烟,"世界的风采在琳琅满目的大屏幕上此起彼伏/狭小的时代广场纵身跃入无限广阔的时间,空间//"(《在纽约时代广场小憩》),新鲜奇美,让我们就像到异国他乡旅游了一番，心情舒畅，大开眼界。饶蕾身置初夏野花绚丽的原野，看到蜜蜂和蝴蝶安静地擎着五彩芬芳，青青绿草地，轻拂诗人心灵的震颤，"入夜，月光拨开虫声，倾听／生长的声音，忽近，忽远／／"（《初夏》），多么生动亲切的水彩画，清新可人，浩浩茫茫，空间广阔，伴随"神与物游"的超脱，使作品富有长久的生命力。

总之，饶蕾这组诗博大深远，格调高昂，笼天地于形内，挫万物于笔端。体现了饶蕾豪放刚劲和刚柔相济的风格，相信饶蕾会继续写下去，会写得更好。

2014.3.13 于重庆大学

注：此文是洋滔老师的诗评原文。压缩文本发表在《中国诗人》2014 年第 3 卷）

洋滔：真名杨从彪。中国作协会员，西藏作协理事，拉萨作协副主席，原《拉萨河》主编，中国散文诗学会理事。在《诗刊》《星星》《人民日报》美国《侨报》台湾《中央日报》香港《文汇报》等百余家国内外报刊发表文学作品300多万字。出版诗集7部，编辑（编著）出版17部文学作品集。参加了创办《拉萨河》《拉萨河之友》报《拉萨晚报》《拉萨宣传》和拉萨市文联等创业性工作。西藏雪野诗发起人之一。

自然美的心灵回应
——评饶蕾的组诗《大自然的语言》

江建文

饶蕾写诗的时间不长，但她起点高，积蓄厚，虽初试锋芒却已像模像样。

说她"起点高"，是指她的学历：化学硕士，职业是从事科学研究。表面看这似与写诗无关，其实有关。因为写诗不仅要激情，要灵感，也需要思考；高水平的文化素质，是思维活跃的保证。至于"积蓄厚"，是就文学创作与生活的关系而言的。成就一个作家的因素很多，而最基本的一条就是生活阅历、经验的丰富与积累。作家如此，诗人亦然。只不过诗人的积累不侧重于生活的材料，而侧重于对生活的感受。

饶蕾生于哈尔滨，在吉林长春读到大学本科毕业；其作为精神－文化个体的成长，可以说基本上是在国内完成的。而如今当她拿起笔来，用汉语写出诗歌的时候，其身份已是美籍华人。在这身份转换的若干年内，她面对的是两块大陆、两种社会、两种文化。这一方面固然扩大了她的视野，拓展了她的精神世界，而另一方面出于这两方碰撞生发的情感的纠结，却也不容易迴避，或是根本无法迴避。往负面说，它会让当事人陷入一定程度上的精神困扰之中，往正面说就是丰富了情感的色调和生命的体验。其实无论前者或后者,都有利于文学创作,尤其是写诗。欧洲文化中,有"愤怒出诗人"的说法。如果把此语扩展开来理解,即不拘泥于"愤怒"二字的话,那么,它所强调的就是诗作者情绪的大起大落和情感的深层次激荡,因为二者皆是促成诗作者进入创作状态的内驱力量。

的确,从组诗《大自然的语言》中,不难感受到作者置身于异乡的大自然,内心情感、情绪不停地激荡与起落。她无疑十分热衷于与大自然亲近:天天面对,细心观察;倾听它,解读它,体味它。诚然,当她做着这一切的时候,那享受也就在其中了,因为她能与身处其间的大自然彼此相沟通。

人际间沟通靠语言,人与大自然之间的沟通又何尝不如此?只不过大自然的语言不同于人类的语言:人类的语言是抽象的符号,而大自然的语言是具象的呈现;人类语言的意指,除了美之外还有许多人生中的污秽和丑恶,而在饶蕾心目中,大自然语言所指向的,除了美之外还是美。

飘逸着"似锦的花枝"(《樱桃柳》)的樱桃柳固然美,如"心中飞出的花蝴蝶"般的漫山的鸟鸣(《听漫山鸟鸣》)也很美;雨后的山庄,那"盈盈的新绿"是那么充满生机,居然"流入山谷,涌上山坡,直奔山巅"(《雨后山庄》);而即使夜色笼罩,那似"荷花在池中睡去"(《宁静的夜晚》)般宁静的夜晚,也悄然散发出幽香来。

大自然的语言是丰富的:"谁说只有春花妖娆/谁说只

有夏蝶风情／我独爱这金秋的高远／似一坛好酒，愈存愈品愈浓"（《草木有声》）。还有雪花："一片片晶莹的诗句，向着我们飞／心灵的旷野充满，瞬间与永恒的逍遥"（《雪花谣》）。还有春雨："就让温暖走在冬季的田野上／听春雨渐近的音韵／看，诗意涌上枝头／浩白的回眸，清澈晶莹"（《回归自然》）。

　　总之，诗作者从大自然丰富、生动的语言中，悟出许多美的韵味，绘出缤纷的美的意象。这不同于那种原生态的、苍莽粗糙的自然之美，而是经人工打造、科学规划与合理安排的、用先进的农艺技术养护的自然美。这种美既是西方发达国家的亮丽景观，也是他们的专利和文化名片。它对于生于发展中国家、长于发展中国家的诗歌作者，油然而生出惊羡之情、满足之感，是完全可以理解的。"我的家是山上的一朵睡莲，／我的梦是溪水，是薄雾，是瀑布飞溅／你看，山间那个小湖是不是醉了？／碧绿的湖水盛满白云蓝天。"（《雨后山庄》）湖水焉知醉与醒？这不过是诗作者的内心表白罢了。东西方两种文化，在诗作者身上达成了统一。毫无疑问，诗作者此刻是激情满怀的；这是人与自然相和谐的喜悦之情，是人生追求得以实现的满足之感。由此可见，不一定"愤怒"才能出诗人，喜悦与满足也能出诗人。古诗人名句："采菊东篱下，悠然见南山。"（陶渊明《饮酒》）"春风得意马蹄疾，一日看尽长安花"（孟郊《登科后》）就是很好的证明。

饶蕾的诗，写得轻盈，写得单纯。诗里行间透出一番乐观的情趣。这和她的生存状态分不开，也是她的个性使然。

中国古典诗歌传统中对意境营造的关注与努力，对饶蕾影响很大。与其说她喜欢在诗中营造意境，不如说她喜欢生活在意境之中。在日常生活中追求意境，营造意境，然后欣赏甚至陶醉于此意境之中；这样的生活态度，并非只有写诗的人才能具有。它可以说是中国人的一种共有的文化心态。从生活中的文化心态，到诗歌中的艺术情态，无疑需要提升。在这个问题上，排斥所谓的"原生态"。原生态是粗糙的，诗意的境界是精致的；原生态是重浊的，诗意的境界是隽永的。在这方面，写诗的人不仅需要激情，需要灵气；更需要语言的修养和修辞的功力。在这方面，饶蕾也许还有一段路要走。

2014.10.23. 于广西大学

注：此文史江建文老师的诗评原文。节选发表在《国家诗歌地理》2015 年 2 月

江建文：笔名李蹊、江山。福建永定人。中国作家协会会员。曾任广西大学中文系主任。著有长篇小说《国难》、《南国屏藩苏元春》，评论集《诗笔写人生》，专著《文艺美的拓展与超越》、《美的感悟》，论文《论西欧反封建的讽刺文学》等。

写诗,表达人世间的美好表达爱

饶蕾

写诗是一件奢侈的事情。因为我既没有时间,也没有文学创作的环境。可是,诗歌就是这样执着,固执地成为了我生活的一部分。它绕开白日里严谨的科学思维,拨开我大脑中大片的英文森林和孩子的笑声,伫立在时光的缝隙之间。多么可爱的小精灵,诗歌让我着迷。诗歌以它独特的思维,韵律的美感;以它深邃的哲理,永无止境的挑战,占据了我的心灵。

写诗,我通常很快乐,很幸福。当快乐突然跳入我的心里,幸福捉住我的时候,诗歌就翩跹而至。特别是写风景诗,置身于大自然之中,我感觉美妙的韵律从大自然中升起。蓝天、白云、山峦、河流,甚至脚下的路、身边的树木都那样美妙和亲切,自然而然地成了我自己的一部分,成了我的亲人;而我也融入自然里,成了自然的一员。暖暖的美好的感觉在天地之间回荡,缓缓地浸透了我的血液,我的肢体。美妙的音符,幸福的颤音,就像泉水一样汩汩而来,在心中激荡、沉淀。我沉醉在大自然无与伦比的美韵之中,体验着大自然宏大无私的爱,幸福至极。这时,我的心就会轻轻地飞起来,我的爱就会悄悄地飘出来,穿过一草一木,弥漫在无边的旷野里。清新的词语，跳跃的诗句就跟着溢出来，似小河欢腾的浪花。它牵着阳光的丝线，踢着路边的小石子，很轻松，很惬意，很幸福，也很顽皮。这些小诗有我的思维，也有自然的笔墨。它们是美好和爱心的结晶，是自然和体验的融汇。与其说诗歌是用笔写出来的，不如说诗歌是从心中流出来的。诗歌是心灵的歌唱，是与美好的共鸣，是大自然的美妙流经我的激情，转化成了诗歌的语言。

对我来说，诗歌往往是自己来叩门的。它是一个不速之客。它一来，就立刻主宰了我的创作欲望。它在我的身体里四处冲撞，像一个不安分的孩子，直到我把文字清楚地码在白纸上，它才恢复平和。我的诗歌不能强求。如果我刻意去写，写出来的诗可以内容丰富，却常常没有独到的灵气。没有灵气的诗，不水灵。这样的诗可以很标致，但是没有凝神聚气的诗魂。古诗云"文章本天成"大概就是这个道理。

写诗不能不提到灵感。灵感从哪里来？灵感来源于外界的诗意和诗人内在情操、情感、阅历及智慧的共鸣。有时，外界的诗意是一件事。例如游览大峡谷这件事。当我伫立在大峡谷的面前，它磅礴的景观，壮丽的美，岁月雕琢的山峦令我震惊。透过风景，我的身心体验到这波澜壮阔的美，经历了怎样的沧桑。于是，我写出（// 大峡谷在抒情，高声地抒情 / 用科罗拉多几百万年的涛声 / 用山石浩瀚的坚忍，还有无言的疼 //《大峡谷》）。我感慨着历史创造了美，历史雕琢了人生，摧毁和诞生有时同样伟大。我挥笔写下（// 多像人生的歌谣／歌唱着摧毁，也歌唱着诞生//《大峡谷》）。大峡谷这个外界的诗意，激起了我内心的共鸣。我的激情穿越了时空的隧道，赞美了大自然，赞美了人生，赞美了历史，也赞美了一种坚忍不拔的精神。有时，外界的诗意是梦绕魂牵的人。比如《乡音》这首诗，写的就是我对祖国，对祖国人民的思念。当我身在异乡，所有的中国人都是我的老乡，都是我的亲人。南腔北调的祖国乡音是那么亲切。它们就像亲人一样安慰着我的灵魂，和我真诚而又真实的情感产生了共鸣。因此，我写到（//在异乡，这一桌是极品／胜似春梅含笑//《乡音》）。还有些时候，一座城池，一个风景，一段情，一首诗都可作为诗意触发诗人内心的感慨，诗歌也会孕育，会诞生。《魁北克》《伊斯坦布尔》《初夏》等都是这样的例子。

我写诗，表达人世间的美好，表达爱。因为我爱着这个世界，爱着人类，爱着大自然的一草一木。我一直期望这些小诗能把美好和爱心带给日夜为生存奔波的人们。让人们看到这个世界的美，这个世界的好，这个世界的爱心。给人们平淡的生活增添一缕欢乐，让每个人的心中都亮起一盏美好的灯。正如我的诗观：用美好、爱心和哲思点亮世人的心。尽管我还在习诗的路上"望断天涯路"，但我已深知：诗歌是我的热爱。

2014年3月1日于纽约。《中国诗人》2014年第3卷

用诗歌的短去写小说的长

饶蕾

小说很吸引人。它以塑造人物形象为中心,通过完整故事情节的叙述和具体的环境描写来反映社会生活。我很久没读小说了。不是因为不喜欢,而是因为现代社会的生活节奏太快,时间变成了奢侈品。作为一个文学爱好者,我有自己的本职工作和生活,根本没有大段的时间去读小说。有多少文学爱好者会像我一样呢?短文或者诗歌,题材短小,适合快节奏的时代,又能提供陶冶性情的文学享受,也许可以弥补一部分人的需求。

能用诗歌写小说吗?。古人云:"诗者,志之所之也。在心为志,发言为诗。(《毛诗——大序》)""诗者,吟咏性情也。(宋严沧浪《诗话》)"这些记载证明了自古以来诗歌就是用来抒情言志的。然而,在诗歌的历史长河中也涌现出许多优秀叙事长诗。"千呼万唤始出来,犹抱琵琶半遮面"(白居易《琵琶行》)生动地刻画出一个娇羞女子的形象。"朱门酒肉臭,路有冻死骨。"(杜甫《自京赴奉先县咏怀五百字》)短短两句逼真地描写出当时的具体社会环境。这两个例子恰恰符合小说三大要素的两条:生动的人物形象和具体环境描写。小说的第三大要素是完整的故事情节。对诗歌,尤其对短诗却是个挑战。小说因为长，所以具有无限的容量。诗歌由于短，使其缩小了承载容量的范围。然而，我在习诗过程中，体会到诗歌中留白的妙处。如果运用得得当，诗意的留白能够起到"于无声处"的作用，给读者足够的空间去想象、去填补故事的完整情节。我做了一些探索和尝试去用诗歌的短去写小说的长，也得到一点点儿体会。虽然粗浅，我愿意用我自己三首短诗来分析我的感悟。

我们先来读第一首诗《重逢》。

重逢

你一笑，十几岁的摸样就掉出来了
羊角辫的踪迹，隐匿得可真深
只有岁月，光滑地留在原地

同时张开双臂，我们
一下子搂住几十年
居然没露丝毫破绽，也不费吹灰之力

许多熟悉的名字，笑声，还有陈旧的时钟
把一张西餐桌炒得噼啪作响
盏中的果汁，摇晃微醺的醉意

最安静的就是鱼排了,默默地
瘦下去,就像我们剩余的时光
依然陶醉,拖着日渐憔悴的裙裾

青春的火焰,一闪,映入夕阳的眼底

《重逢》是一篇短篇小说。它描述了两个朋友久别重逢的故事。// 你一笑,十几岁的摸样就掉出来了 / 羊角辫的踪迹,隐匿得可真深 / 只有岁月,光滑地留在原地 //。 这一段是刻画人物的,也是人物关系或者环境的交代。显然。离别时朋友只有十几岁。虽然岁月变迁,她依然有着同样的笑容。这笑容是亲切的,是有情感的,它把过去和现在紧密地连接起来,打动着"我"。然而,朋友的容颜却早已改变,"羊角辫的踪迹"已无处查询。更令人动容的是"只有岁月,光滑地留在原地"。那些初出茅庐的棱角都哪里去了?岁月的利刃,世俗的磨石谁能抗拒?可悲啊,只有"光滑""留在原地"。亦悲亦喜的故事情节就这样开始了。故事继续发展成重逢的惊喜,"同时张开双臂,我们 / 一下子搂住几十年"。友情竟然毫发无损,优美如初,并未被几十年的分离所左右,就像诗里所说"没露丝毫破绽""不费吹灰之力"。故事进一步发展向高潮。环境是在异乡异国的西餐桌上,笔者尽着地主之谊。那些抹不去的记忆"熟悉的名字"和"笑声"炒得噼啪作响。"果汁""微醺的醉意"叙述着重逢的欢乐和陶醉。然而，天下没有不散的宴席。// 最安静的就是鱼排了，默默地 / 瘦下去，就像我们剩余的时光 / 依然陶醉，拖着日渐憔悴的裙裾 // 青春的火焰，一闪，映入夕阳的眼底 //。尾声是忧伤的，也是感慨的。宴会的结束，就是离别的开始。人生苦短,谁知再聚又是何夕？但是我们会"依然陶醉"，这是"我们"自始至终对生活的热爱。这首诗记叙了一个简单的故事。它有完整的故事情节和具体环境描写。至于人物形象，则采用了半留白的方式，描写了"友人"的外貌变化和"我"的内心感受。"友人"和"我"有同样的感受吗？"我"的相貌如何呢？都留给了读者的想象。

第二首诗是什么情况呢？

你的爱让人心疼

风里，雨里，电闪雷鸣里
一颗金色的心，颠簸一条长河的温存和啜泣

一双善良的眼睛，真想撑开
一把阳光伞，一把巨大的阳光伞
遮住风，挡住雨，替你
可是，伞没在她的手里

一颗水一样清的心，跌入

风里，雨里，电闪雷鸣里

信不？《你的爱让人心疼》只有八行诗，却是一篇长篇小说。题目就是中心思想。故事又是什么呢？男主人公首先出场。// 风里，雨里，电闪雷鸣里 / 一颗金色的心，颠簸一条长河的温存和啜泣 // 。这两行诗刻画出一位痴情的男人，一位不屈不挠地追求爱情的男人形象。在现实生活中，我们都碰见过这样的人，让人敬佩，也让人同情的人。这两行也是故事发生的起因。女主人的出场给故事带来了高潮。// 一双善良的眼睛，真想撑开 / 一把阳光伞，一把巨大的阳光伞 / 遮住风，挡住雨，替你 / 可是，伞没在她的手里 // 。多么可爱的女主人，有着一双善良的眼睛。她愿意帮助那个经历着磨难的痴情人。若是她能帮助他，该多好啊。可惜"伞没在她的手里"！为什么？伞不在她的手里？也许，她就是男主人公苦恋的心上人。可是她有种种原因无法成全他。一双善良的眼睛，眼睁睁地看着别人为自己受苦，却爱莫能助，是个什么滋味？也许，她正爱着这个被爱情折磨的男人，她愿意给予他满腔的爱，可是她的爱无法救他出水火，他的心另有所属。看着心爱的人痛苦的样子，怀揣自己无处落地的爱，又是怎样一番风情？也许，她只是一个朋友、或者陌生人，她的善良让她同情男主人公，但是，她能给予的友爱并不是他所追求的。她的善良并不能解决根本的问题。也许，她是男主人公的母亲……。诗歌留白的妙处就在于此，读者可以根据自己的生活体验去塑造女主人公和她的故事。无论读者和哪个"她"共鸣，都会有切身的感受。诗歌在读者的参与中丰富了，故事的情节饱满起来。这一点儿，小说是做不到的。故事的结尾是另一个留白和悬念。女主人公 // 一颗水一样清的心，跌入 / 风里，雨里，电闪雷鸣里 //。这个故事在读者的想象中，可以很长很长，可以比小说写出来的更细腻，更悠长，更感人。

我还做了一个极端的尝试。只用一个字，更确切地说是用两个字来写一个故事。因为另一个字是标题。这首诗就是《唉》。我用一个感叹词描述了故事的环境、情感和背景，然后，用一个字"你—"表达所有的感叹缘由。这里的人物是谁？发生了什么事儿？我都没有说，但是读者一定会感受到诗中携带的浓郁情感和矛盾冲突的存在。故事的情节是爱？是恨？是怜？还是愁？ 跌宕的千秋都留给了读者。从篇幅上可以说是微小说的缩影。这首极简的诗歌是这样的。

唉

你——

这是我学习写诗过程中的一点儿心得，也是一种探索。探索可能对，可能错，也可能是一部分对，但是只有敢于探索我们才能打开未知的门。我提出用诗歌的短去写小说的长这一概念，或者方法，供大家批评指正。希望能够共同探讨是否可以用诗歌的短去写小说的长，是否能够以更简洁的形式反映生活。我并不认为诗歌能够代替小说，小说有小说的优秀之处。我只希望借用诗歌短的优势传播更多精彩的故事，满足部分快节奏现代人的文化需求。时代在改变，文学也在调整。微小说的兴起是这个道理，这里讨论的'用诗歌的短去写小说的长'也是这个道理。

2015年元旦于纽约。《侨报》2019年8月3日。

后 记

几易其稿。《晚风的丝带》终于诞生了。这是我的第二部个人诗集。一共收集了 136 首诗歌，2 篇诗评和 2 篇诗歌创作谈。这些诗歌记叙了生活中许许多多美好片段，包括我走遍天涯的阅历和各种各样特别的故事。诗人和评论家的诗评从诗人、从批评家的角度阐述了他们对我诗歌的看法和共鸣，很有启发和参考价值。我希望我的诗写心得可以给读者打开更辽阔的视野去了解一颗诗心和我的诗歌。

诗集《晚风的丝带》分为五辑。第一辑《云水间》是一部诗歌小说集，它歌唱着人与人之间的情义，歌唱着人世间的真善美。它用每一首小诗的短来描写小说的长。诗意的留白是奇妙的，有时可以把寥寥几句的文字化成绵延不绝的余韵，在读者的参与中延伸。第二辑《风光台》将带你周游世界奇观美景，领略大自然的魅力。第三辑《哲思亭》是理智的思辨，收录了我对人生和真理探讨和求索的诗歌；还有对社会、对变化和对自己认识的诗歌。第四辑《虚实轩》记录人生途径的事件和感慨，将虚构与写实融为一体，别具情趣。第五辑《诗评与创作谈》收集了诗人和评论家对本诗集中部分诗歌的评论，还有我自己创作诗歌的感悟。

从文学创作的角度,在这本书里,我提出了一个概念"诗歌小说"(请见《用诗歌的短去写小说的长》(饶蕾))。小说最大的特点是讲故事,诗歌也可以讲故事。小说的另一个特点是虚构,尽管自传体小说增加了许多故事的真实性,细节还是要通过虚构去达到预期文学效果。诗歌多是直抒胸臆,这"胸臆"并不是能读到的文字,而是精神的"核",是一种情感、情绪和精神,通过文字传输给读者。字面的故事完全可以虚构。我做了一些这方面的尝试,例如《你的爱让人心疼》就是从不同角色的心理角度去写同一首诗歌。《致枣树》是和一位女诗人对诗,我必须把自己放在男人的立场上来叙事抒情。故事都是虚构的,但是诗歌中的"核",情感中的善良、真诚、理解和担当都是诗人的内心。

从对诗歌的探索和发展的角度,这本诗集用大量诗歌深入探讨了一个鲜为人写的爱情角色和她的感受。爱情是诗歌最重要的主题之一,也是承载情感最深、最感人的主题之一。诗歌史上保存下来大量情诗,有两情相悦的爱情,海枯石烂的爱情,宁死不屈的爱情,"锦书难托"的爱情,更多的诗歌写对爱情的追求和因爱情产生的幸福、痛苦、纠结和悲伤。我选择了一个很少有人写的爱情中的角色,一个被追求又不能接受追求的人的感受。在生活中聪明伶俐的女孩,都会遇见许多追求者,而最后的结果只有一个。这就注定许多人会尝到爱情的苦果。追求者的失望可想而知。作为诗歌中的艺术形象,这个被追求的女子,没有像有些女孩那样说一句"癞蛤蟆想吃天鹅肉",就把一切置于脑后;也没有像另一些女孩那样沾沾自喜,在女友面前炫耀谁谁谁栽倒在自己的石榴裙下。虽然由于种种原因她无法成全追求者的愿望,但是她心地善良,不愿伤人;她感谢追求者的一片心意;她体谅追求者失恋的痛苦和折磨。她默默地尽一切努力帮助那些疼痛的心走过坎坷。为此她坚强地走过诽谤、流言、赞美、爱慕、妒忌、责骂、围观、起哄;一个人承受着道德、良心、情感和社会舆论带来的折磨;为社会为别人也为自己的良心尽了一份心。她祈祷每一个人都有一个良好结局,祈祷友谊地久天长。我不知道她这样做是对还是错,但是我知道她的初衷是美好的,她的坚持是需要高尚的道德、宽宏的胸怀和坚韧的毅力才能做到的。

诗歌是我今生的追求之一。对我来说,能够在纷杂的繁事之中坚持写作不是一件容易事儿。我能坚持到今天多亏各位老师、诗友、朋友和家人的支持和鼓励。我不胜感激!

首先,感谢"一向很少为自己或别人的书作序"的著名诗人非马老师提笔为我的这本诗集《晚风的丝带》作序。感谢诗歌界的园丁著名诗人洋滔老师在习诗路上给我的鼓励,为我的组诗写诗评,并为我的诗歌接受中央人民广播电台的采访。感谢任先青、江建文、我是圆的、温柔刀和赵培民等诗歌界的老师和朋友们的诗评和感言。感谢左岸、后街、罗继仁、陈铭华、原野、藐姑射山人、江上渔夫、虎子,还有许多无法一一提及名字的老师、诗友和文友在诗歌路上给我的支持和鼓励!

今年我结识了美国文学界的许多作家和诗人,这要感谢美国女作家我的好友江岚。她一直鼓励我写作,并介绍我参加纽约的文学团体,带我走入了文学创作的家。在一次《侨报》活动上,我认识了宣树铮老师（纽约北京大学笔会会长。曾任杭州大学中文系主任,《彼岸》主编)。几个月后再次相见,宣老师立刻叫出了我的名字,并说他把我的诗歌推荐给其他纽约诗人了。我以为宣老师只是客气,尽管江岚告诉我宣老师非常正直,看到好就会说好,看到不好就会说不好,我也没当真。没想到后来宣老师亲口对我说,"我说你的诗歌写得好,是因为你写得有新意,想象力丰富。"当然我知道我写得还不够好,但是这些肯定对我来说是莫大的鼓励。宣老师介绍我认识了纽约著名诗人王渝。于是我和王渝老师有了诗歌上的交往。我寄给她一本我的诗集《远航》,请她批评指正。王渝老师立刻发来微信"今天收到,我一口气读了二、三十首。相当好。谢谢你寄给我这本好诗集。"三天后王渝老师又发微信来说"又读了几首都喜欢。这种抒情的表现非常好。你是否想要有所突破?"你想我得多激动呀。一位诗歌界的老前辈,不仅喜欢我的诗歌,还关心我的诗歌成长!后来,我又遇见了文心社新泽西分社会长枫雨,加入了文心社。遇到了热心的诗人梓樱,她介绍我认识了许多诗歌界的姐妹。这里必须提到一个人,他就是纽约91岁的散文大师王鼎钧老师,大家都唤他鼎公。那是在王安忆讲座后,我因乘车需求提前出来，没想到在门口碰见了王鼎钧老师夫妇。我作了自我介绍。鼎公问我是不是住新泽西，我说我住纽约州。他一听就笑了，说"纽约诗人不多，我们要好好爱护"。我一激动就和他说下次活动，我带本诗集送他。后来我真地送了一本诗集给他，我只是想表达我对他的敬重，并没期望他会读。可是几天后，我收到了鼎公发来的电子邮件："您很有诗才。已发现《致枣树》和《你不来，我不敢老去》两首很好！"我的眼泪立刻就落下来。一位当代文学名家，一位91岁的老人，时光多么宝贵，工作多么不易，竟然为我一个小萝卜头写诗者费心。他不仅读了我的诗，还刻意鼓励我。这是说多少感谢都不够的。我深知自己的诗歌还很幼稚，还有许多地方需要提高，但是我真心感谢美国文学界的老师和诗友们给我的鼓励和关怀。真心感谢王鼎钧、宣树铮、王渝、顾月华等老前辈给年轻一代的鼓励和爱护。真心感谢江岚、梓樱、枫雨、洪君植、应帆、南希、唐简、二湘、汤蔚和纽约桃花等众多诗友给我的鼓励和帮助。

最后，请允许我感谢我的母亲、爱人、孩子和亲友们给我的鼎力支持。没有他们的支持，就没有我的诗歌之梦。

人生有许多坎坷和不如意。我希望用诗歌唤醒人们的心，让人们看到世界上好的一面，生活中快乐的一面，从而更有信心地去生活，更积极地去创造，更好地热爱我们的世界，我们的祖国，我们的亲人和友人，更珍惜我们拥有的人生。"谋事在人，成事在天"。也许《晚风的丝带》能够做到，也许不能。无论如何，这是我的初心。

2019年5月写，9月修改于纽约家中。

www.ingramcontent.com/pod-product-compliance
Lightning Source LLC
Chambersburg PA
CBHW071157070526
44584CB00019B/2831